大展好書　好書大展
品嘗好書　冠群可期

大展好書　好書大展
品嘗好書　冠群可期

心靈雅集 15

松濤弘道 著／普玄智 編譯

釋迦名言智慧

大展出版社有限公司

《作者簡介》：

松濤弘道，一九三三年出生，日本大正大學，美國哈佛大學碩士。畢業後，至夏威夷淨土宗別院傳授七年佛教、在留美十二年期間研究國際派佛教。

現代淨土宗近龍寺住持，兼任上野女子大學教授。主要著作有：《佛教入門（上、下二冊）》、《佛經入門》、《阿彌陀佛之心》、《佛學名言智慧》、《佛教名言三六五日》、《佛事、法事之大成》、《禪言佛語看人生》、《活用佛學於經營》等。

前　言——今日的作為是未來希望的方向

在從前的觀念中，總認為佛教是指導人們做死後祭拜的工作，對我們在世時的生活，並未指引任何方向。

佛教令人聯想到古老的寺院與莊嚴的佛像，還有衣著光潔的僧侶與艱澀的經文。這些都與我們生活有著相當的隔離，至多也只是在葬儀、法事或參觀寺廟時才有接觸的機會。作者本人也僅將佛教看成是一種陳舊的習俗或文化遺風而已。

但是，在這充滿古舊色彩表面下，卻蘊藏著許多現代生活富有助益且具體的教導在內，使人不禁為之訝異。

佛教約在二千五百年前，由印度釋迦，即喬答摩•希達多所創始。其教義主張眾生平等，亦非如一般人所認為的必須強制皈依，或強制隸屬某一宗教組織。

大部分有宗教信仰的人，都自認信教的動機是為了解脫「貪、瞋、癡」等世上的痛苦。「遇到困難時，臨時抱佛腳」，但盼神助一臂之力的這種近乎功利的佛教方式，往往不一定如其所願。因此，產生一種現象，即對所求有所靈驗的宗教，便奉為真理、神明，加以膜拜奉祭，否則便棄而不信。

英國歷史學家愛德華・基伯說過：「在古代羅馬帝國時，有各形各色的宗教儀式，民眾都趨之若鶩，奉為真理而敬拜，卻對哲學理論棄如敝屣。當時的行政官都可假藉宗教之名挾制百姓。」

在『羅馬帝國衰亡史』中也有此種記述。而我們今日宗教風潮的盛行，也彷佛與羅馬時代的宗教狂熱同出一轍。

但是，佛教不是一個迎合眾人趨向的宗教，它超越私人偏狹的「貪、瞋、癡」的範疇，以研究人生根本問題為依歸，並以普渡眾生為其使命。

在對人生有所醒悟前，釋迦原本也是一個充滿苦惱的人，他常自忖：「人生在世為何總是苦惱重重，脫離不了生、老、病、死的束縛。如何才能獲得解脫呢？」

釋迦雖貴為王子，過著富裕的生活，擁有崇高的地位，但他在二十九歲時察覺到人生的無情與幻滅，便毅然捨下周遭的榮華富貴，踏上求道之途。

歷經七年的苦修，在三十五歲之秋，於菩提迦雅的萊因迦納河邊求得徹悟之道，成為佛陀、先知先覺者。

雖已是二千五百年前的歷史陳跡，但卻與現今種種思潮、宗教觀、價值觀日趨複雜、混迷的社會環境有頗多相似之處，現代人也如同年輕時代的釋迦，沈溺於歡愉享樂之中。

由以上種種跡象觀之，作者以為這似乎也意味著，我們亦將跟隨釋迦的腳蹤，踏上他曾走過的道路。

本書以釋迦的誕生至入滅的生涯為背景與觀點，解說佛教中所謂人間一〇八種煩惱為主，並引用由釋迦直述的原始經典為註解。作者希望能藉著釋迦在世時的印度社會反映出今日的現代社會實相，並以探究釋迦的生活方式與其體驗，尋找出人生種種問題的解答。

作者的此番觀點與期望是否得宜，尚須仰賴各位賢明讀者的賜教與指正。

目錄

第二章　知・認識自己的原點

第三章　聞・以恢弘大度待人

第四章 行・培養獨立的人格

第五章 悟・活出心地豐沃的人生

第一章

學·在求道路上的明光

1 失敗為人生的轉機

為眾生的幸福利益而生，為憐憫苦海眾生而活，其人誰乎？釋迦世尊是也。——《增支部經典》一—一三

佛教的開宗祖師——釋迦出生於古印度的釋迦族，其開創了徹悟之道，成為佛陀，且被眾人尊崇為釋迦牟尼世尊。而其生歿年代，有如下三種傳說：

㈠紀元前六二四～五四四年頃。㈡紀元前五六六～四八六年頃。㈢紀元前四六三～三八三年頃。

㈠為東南亞佛教諸國的傳說。㈡為日本大乘佛教的傳說。㈢為漢文經典中的資料。釋迦的遺骨於一八九七年在尼泊爾南部比布拉巴出土，並發現刻有古印度文字的遺物：「佛陀的骨壺是釋迦族的兄弟、姐妹、妻子敬虔安置的。」雖然釋迦的生歿年代有待商榷，但釋迦確有其人，已是無庸置疑的事實。

耶穌基督、穆罕默德被尊稱為神的先知，降世為人，但釋迦卻與我們眾人一般，同樣是以普通人的身份出生於世。釋迦生於迦毘羅城，即現今印度與尼泊爾交界處的大萊盆地上的帝勞克德。其父淨飯王，是當時北印度大國科撒拉的屬國——

釋迦族的首長。其母摩耶在生下釋迦後不久便辭世了，由其阿姨繼任母職撫養長大。

釋迦在年輕時候，過著非常奢華的生活。至於他為何在如此優渥的環境下，仍對人生煩惱重重，走上出家求道之路，他又如何在三十五歲時獲得徹悟之道，並在其八十載的生涯中傳道布施，助人為善成佛。在此我們來做一番探究。

俗語云：「三歲知未來。」生活環境可影響一個人的人格形成，已是眾所皆知，無須心理學論證的事實。歐洲宗教革命家馬丁・路德，因對神的公義與真理的信仰而獻身宗教改革運動。

據說馬丁・路德在幼年時期即被其父親巨大的權威所震撼，使其內心恐懼戰兢，長大後成為一充滿悲傷情懷的青年，類似這種因幼年生活環境影響，而日後成為改革者的例子，不勝枚舉。

人生的轉捩點，往往始於遭受挫折，而開展了他嶄新的人生。

美國宗教學者威廉・鍾斯說：「道就是『第二次重生』。」改革者通常是在完全改變自我的人生觀後，將自己生命燃燒，全然奉獻給世人。釋迦亦復如此。

人往往會受到自己眼、耳、口、鼻、身的欺騙。
——《阿含正行經》

2 欺矇自己的瞬息歡樂

釋迦未出家前，名叫喬達摩·希達多。自幼失去母親，父親即小心呵護，備加寵溺。稍微懂得世事後，更是在其父親的庇蔭下，隨心所欲，無往不利，享盡人世間的歡樂。這些事蹟在《增支部經典》三—三八中，有如下的記載：

——未出家求道的我，不認識苦惱為何物，享有一切世間的榮華富貴。我住在父親的官邸，那裡景色如畫，記得有一池開著綠色、紅色與白色蓮花的池塘。我私人居室內經常瀰漫著產於咖西的栴檀香，衣服也是用咖西布料精心製作的。

我擁有三座別墅，分別為春、夏、冬三季所設置的。每到四月的雨季，就在眾多侍臣的簇擁下，移居夏季別墅。即使是外出，也用白色傘蓋保護著，以杜絕陽光、灰塵的侵染，所以，連與外界接觸的機會都沒有。我父親對待傭人十分仁厚，從不吝於供給美好的食物。我就是生長在這樣富裕慷慨的家庭，過著奢華的生活。但我的內心卻不能因此而得以滿足。——

為何喬達摩對如此富裕的生活，還不能感到滿足呢？這也許是當一個被服侍得無微不至，欲求太容易得到滿足時，反而失去意義，衍生出無所事事的痛苦感，這也如同老年人在茶來伸手、飯來張口，不需任何勞動情形下，而感到無聊、無用的痛苦一般。

所以這對一個血氣方剛的青年人，如同被判軟禁。雖然別人只見其高貴優游、自由自在的生活著，而其本人卻感苦不堪言。

喬達摩的父親見他悶悶不樂，便召美女來陪伴他作樂，欲以歌舞刺激其感官，使其重新快樂起來。但這種歌舞昇平的熱烈場面，一旦結束，頓時更陷入虛空黑暗的境地。那些外表穿金戴玉的美女，狂飲酒醉，橫臥一地的放肆場面，更給予喬達摩無比的空虛幻滅感。

居住於華麗的宅地內，每餐均是山珍海味，又有眾美女環繞諂媚。這些對喬達摩而言，只是欺矇自己俗世生活上的一種遊戲，並不能藉此得到人生真正的意義。

世界上最令人難以忍受的事，便是強迫接受那些令人厭惡的東西了。這種體會相信你我也都經歷過。

勝者招怨、敗者臥苦、心境鎮靜者超越勝敗的束縛，安然坐臥。

《法句經》二〇一

3 超越成敗的幸福

喬達摩的父親是釋迦族的首長，而釋迦族是隸屬於科薩拉國，後來為其所併吞，遭到亡國的命運。

身為首長之子的釋迦，眼見這種慘烈的變遷，人生幻滅的悲哀，內心所受到的衝擊是可想而知的。

而當時的社會，也因經濟發達，印度各地都市商業活動頻繁，貨幣流動造成商人致富的情勢，其地位也隨著快速竄升，竟達到與執政者有同等的地位。

印度的四個階級制度，包括婆羅門（祭司）、刹帝利（政治家或武士）、吠舍（商人）、索托羅（勞動者或賤民），現在依舊存在，並主宰著人民一生的命運。

出生於第二等階級——政治家或武士，在時代的遽變下，也步入地位沒落的命運。眾人開始脫離傳統權威的階級統治，物質的豐裕與奢侈，更助長了道德的淪喪。

感受性極強的喬達摩，對於這樣動亂的時代變遷，自然感觸良多。大國併吞小國，弱國屈從強國，昨日尚是朋友，今日即弩劍相見。群雄相爭，分裂割據，今日座上王，明日階下囚，榮枯盛衰轉瞬成空，一向平靜富裕的釋迦族，也不得不投身於這場紛亂，與瑪加達國交戰，處於存亡絕滅的邊緣。

根據原始佛教經典《速達尼・巴達》的記載，有一位名叫亞斯達的仙人，曾出現在喬達摩父親的居所，為喬達摩的誕生祈福：

「這孩子長大後，必定會成為一位偉大的國君，或者是成為一位世界上最清淨的偉人，憐憫眾生，為眾生謀福，以致轉動宇宙的法輪。」

此預言遍傳於釋迦族間，族人都深信喬達摩自幼即是有超凡能力的人，將來必定會以政治或宗教的方式解救釋迦族的危厄，因此，都將他視為救世主。喬達摩徘徊在政治與宗教二者之間，最後選擇了後者，並達成預言的期盼。

喬達摩父親的侍臣們因希望喬達摩承襲王位，而用盡各種手段誘使喬達摩，甚至不惜以美酒、歡樂等官能的享受以麻醉其心志，但都不能改變其初衷。

沈迷於快樂的人，不能自拔於官能的享受。貪戀享受的人，心志頹弱，無人能助。有如魔鬼控制下的野草，隨風飄搖不定。
《法句經》七

4 虛空的快樂

血氣方剛的青年，往往眩迷於官能上的歡樂，且人類原本就有著官能上的需求。

喬達摩與我們同樣是世間的凡人，當然亦不能倖免於此。年輕時期的喬達摩居住在他父親華麗的官邸，被眾多姿色艷麗的美女所環繞，豈能不因而心神感官隨之搖曳。

尤其在印度那種炙熱的氣候，女性穿著單薄，藉以展露玲瓏有緻的身體曲線，引誘人們拜倒在其魅力之下。

自古印度的「尼古・維達」時期起，就有《加瑪・色多拉》這本關於性的典籍，另外，尚有多本有關官能方面的故事集。在寺院或祠堂內也可見供人祭拜的男女合體神像，以及性器的塑像。

男女和合的觀念在生活中已是司空見慣的事。

喬達摩處於這樣的環境，難保不對性產生興趣，更可能曾為美艷的女性神魂顛倒過。而他也必定感受到歡悅之後的虛空與幻滅。

他父親就在其十六歲時為他娶納了三個妻子。第一個妻子名叫耶輸陀羅；第二個名叫瑪珞達娜；第三個妻子名叫歌葩，是一位稀世美女，也是釋迦族富豪蘭達巴尼的女兒。但其婚後一直未曾生育，且早年亡故。

第二個太太則與喬達摩短暫相處後，便勞燕分飛。

至於第一個太太，是色巴布達王的女兒，也即是後來反叛釋迦的十大弟子之一阿南達的姐姐。她為喬達摩育下一子，名叫拉呼拉弟。

當時的印度上流社會，娶二、三個妻子是極為平常的事，如同回教的一夫多妻制，都是社會允許的合理制度。

在妻妾與眾多侍臣圍繞下，沈溺在各種庸俗享樂中的腐敗生活，實在並不能滿足青年喬達摩的內心。

——你盡可順任自然的發展，千萬警惕不要受外界影響而損失了自己的天然本性。

5 斷滅驕傲的心

凡有生命者，應愛惜所有的生命；任意濫殺者為低賤之人。
《釋達・尼巴達（經集）》

當喬達摩第一次有機會踏出自家富裕的宅第，就看到滿地的乞丐與流浪漢，哀哀討食，以及到處充斥著死屍的臭味，令人不禁掩鼻而心酸，這真是人間地獄的景象。

這人間地獄的景象，經過了二千多年後的今天，在印度各都市內仍可看到。當時這情景在喬達摩心中激起了怎樣的感觸呢？……。根據《增支部經典》三—三八是這樣記載的：

——我生長在那麼富有的家庭中，過著如此幸福的生活，從未有過什麼不足。但一個愚癡的人是看不到自己的，不知自己也會變老變醜，只一味地厭惡別人的老與醜。

其實，任何人都會老去。老是無可避免的事。

故此，看到別人衰老而心生厭惡，是極不合理的。

當我思及於此，所有青春驕傲的念頭都斷滅了。

我又想到，愚癡的人同樣也逃離不了生病的命運，但他只看到別人的病容，而心生厭惡。我也會生病，病是任何人都逃避不了的事。故厭惡別人生病，也是極不合理的心態。

當我思及此，所有屬於健康驕傲的念頭就斷滅了。

此外，我又思及，

死是人生中必然的現象，愚癡者也會死，但他只看到別人死亡，而感到厭惡，卻忘了自己也是必亡的肉體。我也會死，死是無可避免的。厭惡他人死亡，也是極不合理的心態。我每一思及此，所有屬於生存的驕傲全部斷滅了。——

喬達摩在年輕時代，已對人生的真相有了深切的體悟。他常常反省自躬，洞察世事。但卻不知如何去幫助那些禁錮在悲傷命運中的生命，只能默默藏在心底深處，反覆思索人生的問題。

釋迦期盼能求得一條正確的道路，潛心修持做一個真正的、合於常倫的人。

6 鳥瞰人生

到達彼岸的人少，大多數人僅是沿此岸奔跑而已。——《法句經》八五

無論怎樣榮華富貴的人生，也都僅是表象，掀開外皮，內在也逃脫不了苦惱煩悶的糾葛。洞悉了人生的真相，喬達摩有如一位哲學青年般地陷入沈思，他常自問：「我究竟是何許人？」

「若能超越苦惱，我便能真正的得救。」

在這種感到心靈不足的情況下，大多數人是去請教精神方面的導師，以求內在平衡，過一個令自己信服的生活。就在懷抱著一顆追求真理、探究人生終極問題的決心下，喬達摩在二十九歲時離家外出求道去了。

喬達摩後來追述這段心歷路程，說道：

「我決心出家求道時，仍是一黑髮的青年，正值享受人生春天的年齡。我無法顧及父母的反對，流著淚、剃去髮鬚、穿上袈裟，出家成為一介沙門。」

在當時印度的上流社會有所謂的四住期，是男性一生須經歷的四個理想時期。

(一)學生期＝求學時代，在教師的指導下，以學習為目的的時期。
(二)家住期＝結婚後，過著生養子嗣，恪守祭祀禮儀的生活時期。
(三)林住期＝子女成長後，責任已盡，在無後顧之憂的情形下，遁入了無人煙的森林，追求宗教之道。
(四)遍歷期＝在宗教追求上，更進一步，捨下一切俗世的依戀，遍歷聖地。

喬達摩也依照這種社會習俗，進入第三期的林住期。在當時印度人的平均壽命是三十歲，故二十九歲出家的喬達摩，也不能稱為是「早年出家」。以我們現代的平均壽命而言，當時的二十九歲差不多等於是現在的五十歲，為人生的顛峰時期。

現今印度仍可見到一些功成名就的人，穿著破衣，如同乞丐住在森林或遍歷各地，過著悠然自適的生活。古印度時代，即興起這種令人嚮往的風潮：人的前半生依社會規範，求學、成家、立業；後半世捨棄世俗枷鎖，追求宗教心靈的世界。

至於本節開頭提到的「彼岸」是指「悟道的世界」。大多數的人都無法到達「彼岸」的境地、僅在「此岸」徘徊流連，渾渾噩噩的結束一生。喬達摩覺悟到人生的幻滅空泛，終於決心捨棄這種桎梏，一心求道。

7 遠大真理勝於微小現實世界

迷戀於世間各種欲求的人，不知欲求的害處。《釋迦自說經》

喬達摩在夜半時分，靜悄悄地喚醒僕人強納，離開家宅，騎上愛馬「坎達卡」向東而行。渡過阿洛瑪河，便削髮立誓「不達求道目的，決不回去」，然後與強納揮別。

喬達摩手持托缽，進入瑪達卡國，在萊迦卡哈，會晤了該國的國君平比沙拉王。受到國王殷殷的垂問：

「你正值年輕力壯的青年時期，相貌堂堂，又出生於高貴的剎帝利階級。我將你迎納為我的大臣，賜你以象為首的精兵部隊，或賜你豐厚的財業，你意下如何呢？」

喬達摩回答：

「王啊！我出生於富裕的釋迦族，就是位於雪山的一支民族，自古就隸屬於科薩拉大國。我出家並非為滿足一己的欲求，因各種欲求無限，我是為追求真理而出家，願遍歷各地以求道。」

當時，平比沙拉王與科薩拉國處於敵對的地位，而釋迦族又有被科薩拉國併吞的跡象，故平比沙拉王的邀請極可能是基於政治利益的立場。但喬達摩還是不為所動，婉拒了這項邀請。

「如果達成了你那崇高的心願後，請先來搭救我。」平比沙拉王如此懇求道。日後平比沙拉王皈依於得道的喬達摩，並以位於拉卡加哈郊外的竹林精舍作為信奉的教址。

從以上的談話中，可以得知喬達摩並沒有掌握政治權力的野心。

釋迦族後來被科薩拉國所消滅，步入悲慘的命運。而喬達摩仍將俗世的權力鬥爭摒除在外，不願涉入武力或權力的交戰，使自己成為一方之雄。

在當時印度群雄割據，各國興兵對決的環境中，喬達摩親見榮枯盛衰的現實沈浮，以及在戰亂中，無辜百姓的顛沛流離，他深深體悟到這種國與國、人與人之間的利害鬥爭，只會帶來無窮的悲慘人生，因而倡導，人們應超越自我的利害觀點，共同為追求人生的真理而努力。

8 超越理論的道理

> 可使內心安寧的一句話，遠勝千句無益的言詞。《法句經》一〇〇

婆羅門是印度階級制度中最崇高的地位，為司掌祭祀的僧侶。人們都認為須經由他們主持的儀式，才可達到幸福的願望，故婆羅門具有不可動搖的世襲地位。出生於此階級的人，無須具備謀生能力，終身即可過著舒適安詳的生活。他們是神的代言者，其權威凌駕一般大眾之上，眾人均得供其驅使奴役。

但是，到了喬達摩的時代，婆羅門不可動搖的地位逐漸削減，傳統權威主義為標榜善惡有報的實力主義所取代。於是乎，崇尚實力主義，所謂「修拉瑪那」的自由思想家輩出。

他們否定神的存在，自然也否定介於神、人之間婆羅門階級的存在。而主張善行善報、惡行惡報的現世業報思想。這種思潮已漸獲多數人的擁護而滋長不息。

故喬達摩出家求道，其實也正是當時社會的潮流，投身於「修拉瑪那」，期望求得真理教誨、體認人生的意義。

根據佛教原始經典《長部經典·沙門果經》的記載，當代有六位「修拉瑪那」代表性人物，同時也分別展開自己獨到的學說，稱為「六師外道」，其學說與傳統的婆羅門敦義大相逕庭。

此六師的學說在民間獲得普遍的讚同。因而形成一種思想的力量，在當時扮演了促使盲目大眾從婆羅門教義中解脫出來的啟蒙角色。

喬達摩十分認真地考量每種學說與教義，期盼能找到值得信奉的道理。

「六師外道」學說的興起，與我們今日世界多元化思想發展的情況，頗有相似之處，這實在是有趣的現象。

「六師外道」中的第一種學說，是由一位名叫「阿吉達」的「修拉瑪那」所提倡的「人死後並無來世」之說。主張人是由地、水、火、風四元素所組成的，死亡即元素歸於空無，不留任何痕跡。即使今生的善惡行為的回報也隨死亡而消失無蹤。故提倡人生無須注重宗教道德的現世快樂主義。

第二種學說是巴古達所倡導的，他主張在地、水、火、風四元素外，尚須加入苦、樂、靈魂三大獨立存在的精神要素，在死後也不會隨肉體而消失，故提倡「死後有來世」的唯物論點。

第三種學說是布蘭那倡導的，他認為無論是行善或行惡，都是為了滿足自己的意念而已。善、惡也是人們自定的標準，並非具體的存在物，故任何行為也無善惡報應的說法，展開了道德否定論的觀點。

第四種學說是瑪加里倡導的，他主張任何生物均由靈魂、地、水、火、風、虛空、得、失、苦、樂等要素組成。其中除了「得」以外，均為原理化作用下的產物，任何事物都經由八百四十萬大劫長期輪迴，然後終至滅亡，亦即任何事均已事先命定，如是展開命運論。

第五種學說是尚蒂亞倡導的反形而上學，他認為人間的知識是無法對形而上學加以判斷的，故無須為此妄費心思，應即刻中止判斷。展開無絕對性的懷疑論。

第六種學說是加印那教教祖尼干達倡導的，他主張不要用片面性、絕對性的觀點思考任一事物，試著改變觀點，便可使苦轉為樂。展開附有條件的相對觀念論。

而喬達摩卻不願被世俗的種種論點所束縛。

他所看重的是，如何拯救一個人的身、心與靈魂。

9 以美善製造的陷阱

斷絕人世間的束縛，斷絕精神上束縛，遠離一切的束縛，斯人可稱為巴拉門。——《法句經》四一七

喬達摩出家求道之初，所求教的並非是思想家，而是一位修行的實踐者。這種情形與今天的社會有些相似，人們為了消除人生的苦惱，而向專家學者求教，但一樣得不到真正的解答。因為這都須人親身體驗而悟求出來的。

喬達摩所求教的這位修行實踐者，名叫阿達拉卡瑪，是一位「修拉瑪那」。他主張「不思擁有任何東西」，並自稱已達此境界（無所有處）。他認為用冥想方法亦可達此境界。但根據《聖求經》記述，則稱在冥想中所得到的徹悟是虛無的。於是喬達摩離其而去。

喬達摩又向另一位名叫烏達卡·那磨布達的「修拉瑪那」求教。這位修拉瑪那主張「非有思想，亦非無思」的境地（非想非非想處）。喬達摩追隨此種論調，勉勵修行冥想，甚至到達與其師同樣的境地。但最後，喬達摩還是以前述同樣理由離其而去。其後六年，喬達摩繼續在苦修、求道中渡過。

當時印度行實踐者與今日的印度論點一致，均認為人的肉體是不潔之物，只有精神才是清淨的。故將肉體與精神明確劃分為物心二元論。苛待自己不淨的肉體，使其日益衰敗，以換取精神上的自由，並將之視為人生最大喜樂。這種苦行的功夫是藉斷食手段達成。但真若達到此般境界，只恐人體已成半活的假死狀態，手、足、口均不能動彈，豈能進入令人嚮往的精神最高境界。但這卻是當時修行必要的一種過程。喬達摩逐漸體悟到這並非是達到徹悟的好方法。

以刻意忽視肉體、冥想苦行而達到精神最高境界，與一味沈溺於官能享樂的快樂主義，實在是二種絕對的極端，均無法得到喬達摩的認同。

喬達摩在印度中部的聖都加亞潛心苦修了六年，尼連禪河即流經那裡。在他苦修期間，曾有惡魔拉地母前來試探他：

「從你臉色如此難看，便可知你的死期已近，只有千分之一存活的機會。還是先想辦法把命保存住，否則如何能達成種種善行。」

拉地母是古印度聖典《維達》中出現過的惡魔，他擬化成人形，專以快樂、善美來誘惑他人這種擬人化，就如同現在父母在小孩害怕打雷時，引導小孩想像在雲端有身穿虎皮、手持金棒的雷公一般，在言語無法表達特異情境時，在古代便以擬人化的手法來表達。

此種情況，也可能是在喬達摩苦修無法突破、心情極端糾結時發生的。他或許在心中聽到兩種聲音：「再繼續努力！」與「努力也是徒然的。」且被此二種聲音互相影響而搖擺不定。惡魔用甜蜜的耳語引誘著他：

「只要做維達的學生，便能淨化你的行為。取下供奉的聖火，便可助長你的功德。如此努力苦行又得到什麼？努力之道是這麼艱苦且遙不可及的。」

而喬達摩卻回答道：「我毫無求取世間善業的心念，惡魔，向那些欲求世間善業的人去說吧！」

惡魔聽到喬達摩斷然拒絕的回答，便如同《相應部經典》中所記載的「擊打了石頭，化成鳥雀飛去。」

在苦修的煎熬與考驗中，他勝過內心交戰、潛心苦修的典範，在干達拿被雕成塑像，其形容枯瘦的樣子，使我們可想像出喬達摩當時所遭受的苦難與苦行。此座雕像是安放在巴基斯坦的拉活俄城內。

10 辨認大事與小事

不被執迷不悟的蒙蔽，始可得真正的智慧。不受煩惱的纏繞，超越惡魔轄制，如太陽般的光明。《釋迦自說經》

前幾日，看到電視上有中外聯姻的典禮，令作者印象最深的一點是節目主持人的這句話，他說，中外聯姻成功的秘訣在於「不要想到對方是外國人，將其當作同為世上的人即可」。

這句話說得極好，且這句話的含意不只限於中外聯姻，也適用於一般婚姻當中，不可因對方的容貌、談吐、生活習慣、家世、學歷等背景，產生歧視偏差。在存有偏見下，雙方就無法坦誠的溝通，遲早會導致分離的局面。

太過於重視外表，就無法真正看清事物的內涵。這也不僅只是選擇終身伴侶的問題。無論對任何事、任何人都應摒棄無謂的偏見，而探究其真實的本質。這在佛教中稱為「如實知見」。

原始佛教經典《百喻經》中記載著一段插曲：說明某個人因丟掉一件小東西，整日心神不安，煩惱不已，以致最後失去所有東西。

——在古時，有一名牧牛郎，蓄養了二百五十頭牛，一日帶牛至牧場飲水吃草，不意出現一隻老虎捕殺了其中一頭牛。這名想不開的牛郎喃喃自語：「原來我有二百五十頭牛，現在卻少了一頭。」他萬分的悲傷：「剩下這些殘缺不全的有什麼用。」就將其餘牛隻一頭一頭地從高崖推下谷底。

為了一頭牛，而失去所有的牛，這就是所謂的因小失大，我們豈能付之一笑而置諸腦後。

另外的例子尚有：有人家中失火，原已逃出火窟，卻又衝入火場搶救屋內財產，而導致活活被燒死，又如民意代表表示：「如有人反對遷移，就不修築道路。」這些都是因小失大、不分事情大小、輕重的結果。

處理任何事情，隨時都要注意避免錯誤的發生。

德國軍事家摩爾德凱說：「先有計劃，然後才實行。」

事先要是沒有完整的計劃，即使再有行動，絕對不會有完美的結果。

沒有好的結果，豈不就等於是糟蹋了難得的行動力。因此，重要的是採取有效的行動。

11 做一個獨立的人

獨坐、獨眠、獨行、獨立處理自己的事，而不感倦乏，如同享受林間的悠然自在。《法句經》三〇五

人類是奇怪的生物，希望依賴周遭的人，久而久之，潛意識中便認為有人代勞是理所當然的事。但是，卻未想到有朝一日，須用自己力量去完成許多事。

例如，登山迷了路，在了無人煙的曠野，不論怎樣大聲呼救，也無人搭救時，又該如何呢？

在那種情況下，任何可炫耀的家世、地位、財產均無用武之地，只能靠著野地的樹根雜草維持生命。無論任何文明世界裡的理論、要旨都失去作用，只能依靠人本身的智慧與耐力求下山的道路。

當他在苦思下山的辦法時，心中唯一可以感到欣慰的事，便是以自己力量克服困難所得到的滿足感。

但是，若一個經常有可依靠的環境，享受慣舒適、無憂生活的人，當生活環境惡化時，他便茫然不知如何去生活，從前易如反掌的欲求，都變得困難重重，無法

滿足時，便陷入自暴自棄的深淵中。

作者有一晚輩子侄，在其雙親庇護下，過著嬌生慣養的日子，日常生活都有傭人伺候。但在其雙親亡故，傭人辭工後，隻身一人獨居，在煮飯、打掃、洗濯都得親自動手下，苦不堪言，故逢人便訴說苦情。直到最近，他才逐漸體會出獨立生活的重要性，進而也感謝別人給予他這種難得的機會。

勞動不是僅是一種生存的手段，也能讓人從中體會生活的意義，更能讓人瞭解休息的可貴與喜悅。

喬達摩自幼便生長在不須勞作的富裕環境中，他也逐漸發覺到這種環境只會養出一個軟弱無能的人。

所以，喬達摩將可以依憑的任何人、任何事物都予以捨棄，他決心在一無所憑的情形下成為一個獨立的人。最後他終於完成了他的願望。

今日我們在文明世界裡過著舒適、安全的生活，但在這無常多變的世界，卻難說何時會失去這樣的生活。當然我們不希望有這樣的一天，但重要的是，我們應覺悟到此種危機意識，從此刻起便應培養自己獨立的能力。

慎行而不後悔，面露喜悅，心情舒暢，接收將來果報，這即為端正行為。
《法句經》六八

12 極限的里程

無論在工作或運動上，人的能力總有一個極限，往往我們都有「盡了全力，已無法再超越，否則身心兩面都會承受不了」。

但是，大部分的人都未必到達極限的境地，就放棄努力。對人生也是採取馬虎敷衍的態度，屌兒郎當的虛度歲月。

如果認為這樣馬虎的人生並無大礙倒也罷了，可是有些人心中老是痛悔交加地想：「當時為何不堅持最後呢？」

為了到達可使自己心安理得的地步，必須自我鞭策，將自己趕入一個過河卒子，只能向前的境地，然後踏穩腳步努力向前。

我們如何達到鞭策自己的境地呢？這是需要一個人清楚自己的實力、培養自信心，同時尊敬那些能力比自己強、完成己力不所及事物的人，如此才能謙卑虛心，不斷鞭策自己向前。

《中部經典》記述喬達摩曾經回想自己苦修如下：

「往昔，無論修拉瑪那或婆羅門，都得承受強烈的修行之苦。但我過去所忍受的苦遠超過任何修拉瑪那與婆羅門，就是我現在所受的苦也超過任何修拉瑪那與婆羅門；至於將來，也不會有任何一個修拉瑪那或婆羅門受比我更大的苦。雖然我經過這麼長久的苦修，承受著常人不能忍受的苦，但我所領悟道理，尚無法超過一個普通人的智慧領域。自此，我才逐漸悟出，求道應另有途徑。」

因嘗試錯誤，不斷在黑暗中摸索答案，不知不覺中將自己趕入窮究極限的境地。如此終將達到「噢！原來如此」一種頗似領悟的境地，找到解決問題的訣竅。

只是這種寶貴的訣竅，並非一蹴可幾，而是須經反覆嘗試的錯誤，最後在水到渠成下自然體會領悟出來。喬達摩在埋首苦行求道歷程中，大概也是這樣領悟到「那個非我所求，這個才是我所要追求的」訣竅。

不論這是否是我們喜歡的方式，但當我們向極限挑戰，碰到障礙時，才能探知事物的玄奧所在。因此，那些無法堅持到底，半途而廢的人，不易成功，他們人生只是在無謂的空轉而已。

13 怎樣才是有智慧的人

言、行、意謹慎的賢人，
才真正能保護我。
《法句經》二三四

處世為人，若隨從社會的習俗，聽從別人的意見，如此的生活無疑順利而單純。但他卻過著智昏落伍的生活，人的價值也因而降低了，只如同貓狗般地吃、睡、交配，毫無精進可言。到了晚年，連孩童都會歧視他，而任其倒臥路邊結束渾噩的一生。像這樣如動物一般遊蕩的人生，是喬達摩所不願重蹈的。

「他要過一個真正像人的生活，因而離家，到處拜師求道。」他經過種種冥想、苦修後，沈思道：這就是我所追求的人生目標嗎？他再度慎重地重作評估。

他不認同虐待自己肉體可換取精神上的最高境界。

「健全的精神須依賴健全肉體」，喬達摩開始領悟到有了健全的肉體，才可能培養健全的精神。

當他在湄蘭加納河邊的沙拉樹下，強撐著衰弱欲絕的身體如此思索時，有位叫斯加達村姑經過，給他一些乳粥喝，使其恢復氣力。

喬達摩在河邊沐浴後，移到布達加亞的菩提樹下，經過七日冥想，終於得到大徹悟。後來人們稱喬達摩為「佛陀」。佛陀即得到大徹悟人的意思。

根據《中部經典》的記載，當喬達摩接收村姑斯加達食物時，他父親派遣五個暗中偵查他的侍從，也當場看見，誤認他受了惡魔引誘，荒廢修行。一傳十、十傳百，眾多的修行者都麇集至西部加西國的巴達拉西，來看他墮落的景況，然後不屑地棄絕而去。

但得到徹悟的釋迦，已具備堅定的信念——「一個真正的聖者，能體會萬法時，所有的疑惑都消失殆盡」釋迦心中備感欣慰。

此時佛陀的法相在《無量壽經》中有所描繪：

「光顏巍巍，且有神威，如是燄明，無可比擬，成為日月摩尼的珠光燄耀，皆在隱蔽中，又猶如聚墨。」

得到徹悟後的喬達摩稱為「佛陀」，也稱為「釋迦」，以名稱來區別前後時期。

14 身與心是車的兩輪

具備淨戒與正見，依戒法生活、不打誑語、勞動己身，此乃世間喜愛之人。《法句經》二一七

當宗教體驗到達最高峰時，大約都會有一些自我陶醉的感受，進入恍惚的境界，全身散發著生生不息的充實感。

耶穌基督、穆罕默德均是如此，其他許多宗教的教主、修行者，或藝術家，當他們在自我實現的時候，往往都會經歷此一神秘的體驗。有如神魂飛揚、遨遊太虛一般，周身充滿了光輝的環繞。這些情境，比較宗教學者都詳加舉例闡述。

究竟釋迦徹悟到的情境是什麼？有關他的宗教體驗，我們是無法窺其堂奧，但可肯定的是，他並不似其他宗教者般地進入陶醉、恍惚的忘神境地。

釋迦徹悟得道後，成為佛陀——「覺醒之人」。他明白「自己未來的方向」、以及「這娑婆世界的原始面目是為何？」

根據《相應部經典》記載，釋迦嘗自問：

「無可尊敬、無可恭從的生活是極苦的。是否應親近修拉瑪那、婆羅門，並對

他們恭從尊敬呢？」釋迦又自問自答道：

「若我尚有戒律不足、定性不足、智慧不足的地方，為了成就不足的地方，是否應恭敬地向其他的修拉瑪那、婆羅門學習呢？但是，在這世上，已沒有在戒、定、慧修持上比我高的人。因此，我應該只尊敬我所徹悟到的法。」

在思考中，他更得到了確信。

此處所提到的「戒」是身體的修行，「定」是精神的修行。戒與定即如車子的兩輪。而「慧」則是依藉法而湧出的智慧。至於「法」是我們所住世界的宇宙中的法則，形成種種規範與秩序。這些都是宇宙中原本存在的，並非祖師所創設的。而釋迦則是因徹悟到這個「法」，而體驗到戒、定、慧。

日本的道元和尚也有徹悟的體驗，他所著的《現成公案》中記載著：

「佛道即是向自己學習，向自己學習即是忘記自己，忘記自己即可證明萬法，證明萬法即是將自己與他人的身心皆解脫。」

這也是釋迦徹悟體驗的內涵。

他感受到自己是活在萬法之中的。

15 互相依靠的世人

有此即有彼，有此生即有彼生；無此即無彼，滅此即滅彼。《相應部經典》

釋迦認為世上一切的東西與時間都是無常的，空間即是無我的存在。他因了解到世界的真相，故知須斷絕違背世道的盲目執迷，同時也力勸他人斷絕執迷之途。「涅槃」的境地，等於是將煩惱吹熄。世道本無常，卻因不知無我，自以為是的執著、迷戀，因而招致諸多煩惱。

如知世道的無常、無我，便可超脫執迷的煩惱，而到達安詳的徹悟境界。

譬如一個人本來有一相知相愛的異性朋友，海誓山盟，至死不渝。但忽然因小事有了嫌隙，感情產生變化，這人或許心有未甘，蓄意採取報復行動。

以佛教觀而言，世上是沒有永遠不變的愛。所謂信心，只是存在自己本身內。若只相信擁有，卻不知任何事物會隨時間而產生變化，終因執迷不悟而生出煩惱。兩個原本相愛的人，以為可擁有一輩子，忽略愛情須小心培育呵護，致使愛情冷卻下來，反而認為是對方背叛自己而痛不欲生。

在此需提醒各位，雖說世上是沒有永遠不變的愛存在，但也不是說愛到了某一時機，必定會破滅。相愛的人應互相珍惜每一時刻，但到了分手的時候，也應讓對方有重新選擇的機會。愛不是片面的，不是單方面的，只要彼此真誠，即使不能繼續相愛，也不會留有太大的遺憾。

打破的陶器，即使用接著劑修補，也不太能回復原狀。

佛教教導人們不應太過拘泥於過去，世上任何事均讓其順其自然的發展。而我們所應重視的是眼前的生活。

順其自然的世界，即是緣起法則的世界。在佛教語中稱為「諸行無常」（世上事物不斷變化）、「諸法無我」（非固定、獨立的存在）、「涅槃寂靜」（正視以上二者，超越執著的煩惱，得到安靜徹悟的境地），三者總稱為「三法印」（三個法則）。釋迦是此法則的第一位悟道者。「要知法則，就得知我；要知我，就得知法則」，釋迦自身也得受法的管理。

法則並非自己可隨意創立的，而是從先導者處體悟出來的。或許會令你驚奇，其實，我們也正用我們所遵循的法則，管理著世上的萬物。

知曉善因產生善果、惡因產生惡果，始遠離惡因。《大般涅槃經》

16 人生的另一天空

無論任何人都不願被痛苦所纏繞，但又無法規避痛苦的發生。學生被作業與考試所催逼，雙親也跟著焦急。還有失戀的青年男女、為債所苦的上班族與企業家、喪失靈感的藝術家或專家。每個人的一生都會被無數的痛苦、煩惱所糾纏。

因此，有人認為此種人生簡直生不如死，甚至絕望的以自殺或殉情的方式結束生命。

但是，大多數的人，即使十分痛苦，仍存有一絲好轉的希望，如此在這痛苦人生中，時喜時憂地渡過一生。

英國劇作家蕭伯納有句名言：「人生是悲苦的，唯一的差別在於各人品嘗與忍受痛苦的程度而已。」釋迦也領悟到苦惱是人生的真相。

的確，看看我們自己與周圍的人，只要生在這個世上，就無人能躲避苦惱的糾纏。若有人說不知苦惱為何物，想必此人是神，或是天才與狂人。

因為即使連分不清方向的小嬰兒，都會因飢餓而哭喊，至於稍大的幼童，也會因慾望不能滿足而跺腳、耍賴或撒嬌，以便達到目的，解除渴望的苦惱。然後步入青春期，進而長大成人，種種慾望衍生，若不能得到滿足，苦惱便如潮水湧來，威脅著我們的人生，若說生存的本相就是串串苦惱的連續，應該未過其實。

這些如影隨行的苦惱，在佛教中，稱為「四苦八苦」。

所謂「四苦」即「生老病死」，生、老、病、死，是人生必經的過程，任何人均無法免除，故若是刻意去改變事實，必然產生苦惱。

除以上四苦外，尚有與相愛的人分別的「愛別離苦」、與憎惡的人相見的「怨憎會苦」、不能達到期盼的「求不得苦」、以及過度飽足而產生的「五蘊盛苦」，這四種苦也滿佈在我們生活中。

在此，我們務須明白，釋迦所言「人生即苦」的道理，並非要我們對人生失望，或遁世避苦，或以快樂麻醉自己。因為無論你怎樣行，都有新的苦惱伴隨，無法逃脫，倒不如坦然面對人生即苦的事實，並藉此發掘出自己人生的另一片喜悅的天空。

人如漏盡，無食可吃，其心境即空，不拘形相，且得解脫。《法句經》九三

17 以苦惱作為原點

日本江戶時代的名僧良寬，有如下的故事：

良寬在晚年受病魔之困，雖然得到眾弟子細心照顧，仍使向來無畏的良寬不堪其苦。在旁服侍的和尚們看到這種情形，不禁問道：

「像您如此有修行的人，怎麼也會如此痛苦？」

良寬答道：

「既生為人，不能脫此苦厄。」

他並在病痛中唱出了辭世句：

「如散落的紅葉，看看裡面，再看看外面。」

也許有人會問：「平日修持高的人，不是可以免除死亡的痛苦嗎？」雖然痛苦的忍耐程度各人不同，但只要是人，即使是聖人賢達，也免不了生理上的痛苦。唯一例外的大概只有植物人，可免除這種痛苦。

現代醫學雖已進步到採用麻醉方法以減輕病人生理上的痛苦，但精神上的痛苦仍是存在的。作者的朋友因失去愛子，三天三夜不能進食，日以繼夜的以淚洗面，也無法入睡，即可見一斑。更何況已知自己將死，並得為死後家人的生活，以及自己留下來的財產、地位、名譽而傷神苦惱。人生不過如此，但卻是人人終得面臨的時刻。

不僅只有死亡的痛苦與恐懼，人的一生將會遭遇多少不安與痛苦呢？且會因這些無法解脫的痛苦而終日憂心忡忡。釋迦當然也體驗到這些人生本位的痛苦，人生一步步地向死亡邁進，在這無可迴避的殘酷現實下，人應該如何活下去呢？

釋迦於是發慈悲心，思考應付痛苦人生的對策。如前述的良寬為病痛所糾纏，醫師為其計畫治療的對策一般。醫師會採用各種方式加以診察、傾聽患者訴說病情，以期找出病因，並就病因對症下藥，務使病人康復而努力。而令人訝異的是，釋迦在二千五百年前，就運用如同今日醫師的科學方法，為人生診治。

釋迦以「苦集滅道」四個真理，引領眾生得以可徹悟，並以此率首解決人生的問題。

第一個「苦」的真理，認識人生只是四苦八苦的連續，凡世人均無可避免。

第二個「集」的真理，了解到苦是有原因的，釋迦說過：

「苦的起源真相就是輪迴再生的道理。因人的慾與貪，盼望肉身的享樂，而形成種種有愛、無有愛的結果。」

渴愛的印度語原音是「當哈」。據西洋精神分析學者指出「人只有欲求盲目生存的意志」，如同口渴的人尋求水一般，這就是人在本能上便產生出苦的原因。本能包括愛慾（感覺本能）、有愛（生存本能）、無有愛（休息本能）。凡人都希望利己與長壽的好運，即可知人類自私的本能。

第三個「滅」的真理，是醫治人們希望消滅苦源頭的渴望，這不僅是否定本能的存在與消滅渴望而已，不論人的本能是怎樣的，均須以意志力來調整匡正自己，並勸勉他人也有效地運用寶貴的精神意志力去做一個真正的人。

至於具體的實行方法，則揭示在第四個「道」的真理中，並在下一節予以說明「八正道」。

18 身心健康的處方

不憂不懼行正路，放下一切，斷絕所有牽掛，即離苦也。《法句經》九〇

如何能保持身心的健康與幸福。釋迦所教導幸福人生實踐法與健康的處方就是「八正道」。「八正道」的實踐德目為正見、正思惟、正語、正業、正命、正精進、正念、正定。

「正見」，無論任何事物，均以正目而視。因盲目的愛戀，日後可能發現受到蒙蔽而懊悔不已，故一開始即應正視對方的真相或缺點。

「正語」，說正確實在的話。如用巧語又不能取信對方，反而弄巧成拙、招人厭惡。故應重視正語。

「正業」，品行端正。如考試作弊而遭到退學處分，或因賄賂案情暴發，均使人陷入悲慘痛苦中，因未按正業而行。

「正命」，過正常的生活。平常不注意健康、生病時才焦急，即違反了正命。

「正精進」，正當的努力。生性懶散，卻希望利用他人輕易的一擲千金，或一

遇見困難便放棄自己的工作，均違反了正精進。

「正念」，正確的注意力。昏糊含混的生活，不注意周圍的事物，就如上樓梯卻不注意台階，終要滑倒的。行事缺乏應有的注意，即違反了正念。

「正定」，正確的集中精神。做事專心一意，不為他事所騷擾，稱為正定。我們應有正確的生活、行為，以及心態。不可有所欠缺，否則即遭病魔纏身，終招致滅亡。

此處再三提及的「正」，並非是一固定不變的規定，只是一個將自己方向調整至正的概念。

當世人處在這諸行無常、諸法無我不安定的世界上，卻努力往安定的方向前進，即可稱之為「正」。

以上所說的，並非恣意妄下論斷，而是根據「緣起法則」，在其中加以切磋琢磨而得的結論。

最後須一提的是，所謂「正」的方向，即是釋迦所說的「中道」。

19 既強且深又廣

如來離開二端，居中述說中道。
《雜阿含經》一〇一七

人類一方面可創造出高度的文化與藝術，另一方面又會做出醜惡的鬥爭害人的事。人類看起來頗高強，但事實上卻很脆弱，稱讚其認真的態度，但卻又見其流露出散漫的一面。我們人類即生活在現實與理想充滿矛盾的空間裡。

釋迦徹悟出的道理，是離開極端的二邊的中道。釋迦體悟到出家前的人世享樂與出家後的虐己苦行均非正確之道。

他向弟子們講述：「切勿傾向二極端之道，我體悟出由中道的眼、智、寂靜、證智、正覺而引導進入涅槃。」

他並用琴弦作比喻：「琴弦調得太鬆，無法奏出美妙的音樂；調得太緊，又會繃斷。至於修行當中，若心神放鬆，就會怠慢；若繃得太緊，又可能導致精神崩潰，故身心保持中道，才是良策。」

釋迦對自己也是如此要求的，並時時反躬己身。

所謂中道，並非是數學的方式，加二端除以二的所得。而是有如紙張，是無分正反面的實體。「我」就如同紙張的道理，不須做愚蠢的正、反面之爭。

在日常生活中，往往將事物分為上下、左右、前後、東西、南北、表裡、善惡、正邪、美醜、正反的相對概念，我們也以相對二元論的尺度判斷事物。然而這都不是實體論，只是社會的一種分類界定，一種社會上的概念與價值觀。

這些既定的觀念造成一般人取此捨彼的現象，也造成了二者之爭，如社會形態的對立，政黨間的爭執，南北問題等等。

今日世界所面臨的危機，可說都是基於相對二元論價值觀互相糾葛所引起的。

釋迦所提倡的中道，即是協調互相對立的自我意識，他並非是姑息的調和，而是為著順應世界的緣起法則，也為著世間所有生命的福祉，發揮最大的努力。

實踐八正道，就是實踐中道的步驟，也是徹悟進入涅槃的八個方法。

當然這條道路，並非易路，也不能收到立竿見影的功效。有時以為自己正走在這條路上，但卻可能走錯了方向，也可能說得比做得多。但無論怎樣，選擇這條道路的人生仍是有希望的，至少比那些茫然無知、渾渾噩噩過日子的人要強得多。

害有生命之物者，非聖也；
珍視任何生物，始為聖者。
《法句經》二七〇

20 生存與放生的自覺

徹悟的境地是如釋迦那樣超凡的人，才能到達的宗教境界，豈是凡人可以高攀的。但真是如此嗎？

若真是如此，那麼徹悟與一般人是無緣了，不過是那些「偉大聖人的行為」而已。但事實上並非如此，因為我們在日常生活中，就往往能得到一瞬間的徹悟。

譬如，演算數學題，發生困難，須經過多方的苦思與運算，始可求得答案。

又如在棒球場上，打擊手技巧尚未圓熟時，無法打中投過來的球，只見球棒忙著亂揮。但經多次反覆練習，終於得知選球的技巧，自然而然地打中來球。

打中球的那一瞬間的心情，就如同徹悟的境地。我們若在遭到困難挫折時有所了悟，了解到「人生真相本為如此」，也是瞬間徹悟，這些都是無法藉理論得到的體驗境地。

在《善的研究》這本書中，記載有日本哲學家西田幾多郎的一段話：

「只有直接在經驗之中，才能獲得完全獨立自主的體會，在此時，不再有主觀與客觀之分。就如同當我們陶醉在美妙音樂中，致忘我的境界，天地間唯有音樂而已，在那一瞬間，所謂的真實就出現眼前。」

當自己有所體驗時，才能了解在現象界的深奧處有「生命的根源」。如旁人問道：「這是什麼？請解說一下。」答案只是「難以解說清楚」。而釋迦徹悟的根源，也只能以拈花微笑答覆了。

我們往往以為自己的生命是自己的所有物。其實每個人的生命均是從所有生命的生命源中衍生而出的。但人們無視這同根的生命源，將自己的生命與其他的生命生疏分離，自私地希望自己壽命比別人長，在世上虛妄的享受也比別人多。

人就像迎風搖曳的蘆葦般地微不足道，唯獨因人是懂得思考的蘆葦，故而顯得偉大。因而所有人與人的競爭、對立、背叛從此產生。但是，大家均未想到，如此行為等於自己勒自己的脖子一樣。

釋迦醒悟到人類不正確的觀念。所有的生命都是同一公分母、同一根源。自己的生命也就是他人的生命。

21 悉心傾聽

自謙敬人，知足知恩，常聽他人教誨。《釋達・尼巴達（經集）》

現在的學生，接到教授發的講義，往往擱在一邊，好似與自己無關一般。若教授的講題是艱澀枯燥的，則只草率應付一下。但他們沒想到自己繳了昂貴的學費入學受教，卻只求一張畢業文憑，青春年歲就這樣毫無意義的虛度了。

還有些新生，對講義內容存著偏見，以為全是無用的廢紙（當然，事實上也有此種現象），就有意排拒，對課程掩耳不聽。

教育的功能不止是單方面的接收而已，更重要的是培養學習的氣質與內涵。故此，即使是乍聽無用無趣的課程，也應仔細聆聽，因為任何課題中都蘊含著許多新鮮的知識，均可建構起我們知識的寶庫。

若是草率漠視，擺出一副自以為是高傲的態度，損失的仍是自己，非但學業無法進步，日久便漸成井底之蛙，固步自封的境地。

釋迦的弟子阿難達，追隨釋迦二十五年，釋迦入滅時，其年五十五歲。在隨侍釋迦的二十五年當中，始終不肯漏聽師父任何一句教誨，因而成為第一多聞的弟子。當他做釋迦侍者時，提出的要求竟是：

「我聽不懂的道理，一定請講到我懂為止，若我外出而沒聽到的教誨，也請待我回來再說一遍。」

釋迦聽了十分高興，便允諾了他的要求。

所謂「知行一致」，也就是說行為必須配合我們所知的道理。這句話是王陽明年輕時，從陽明學說中領悟的根本道理。事實上，這句話不僅適用於儒學的觀點，也可作為其他方面的真理。當然，別人所說的話，並非句句都是至理名言；所以，必須抱著批判或分析的態度。但若能坦率地接受別人的建議，且證明那是正確的真理；那麼對於個人的思想行為，會有直接的幫助。

後來的西藏喇嘛教有句格言：「好徒弟造就好師父。」師父有再高深廣博的學問，徒弟不加聞問，也是枉然。如此可見釋迦的好門徒是何其多。

所謂「見聞觸知，多近菩提」，日常所見所聞均可使我們有所領悟，因此即使再無趣的話，如我們虛懷若谷地悉心傾聽，必能從中獲得有價值的道理。

第二章 知・認識自己的原點

22 教、學之間

愚人即使起念慮，如無利他心，反而自滅好運，打碎己頭。《法句經》七二

釋迦在徹悟之後，獨坐在菩提樹下，躊躇難定，不知是否應將自己體驗到的內容傳授予人。

因為釋迦擔心悟道內容不是人人均可體驗到，況且大部分的人均持與其努力不懈，不如好逸惡勞的心態。就算釋迦盡心傳授，也未必能使人了解，徒勞而歸。

當釋迦正重重猶豫、不知所措之際，梵天向其顯現，並懇請世尊向眾人說法：

「假如師父不說法，這個世界將要滅亡。其實在世上依然有不少被塵垢蒙蔽的人，眾人不得聞法，世界則墮落得更快，若得聞法，尚有領悟得道的機會。」

釋迦聽了此番話，了解梵天的真意。心想：

「我究竟應將徹悟道理自藏內心，抑是將之傳予他人，解救苦海中的人？」

如是，世尊生出對眾生的憐憫心，毅然宣布：

「現在我打開甘露之門，眾人請充耳聆聽，速除去古老迷信。」

傳記上記載有關梵天出現釋迦處，究竟意味著什麼呢？

此處所說的梵天，是被當代人所信奉的宇宙創造神，亦被敬奉為宇宙本源、婆羅門教的中心信仰。

梵天懇請釋迦說法，是意味著，即使是梵天也服從釋迦的道與法，故規勸婆羅門信徒捨舊教，皈依釋迦的道法。

在我們一生當中，一方面要學習世俗的事物，另一方面也應將自己所領悟的心得傳予世人，這是輸入與輸出兩面，任何一面都很重要，不可忽略。

有些人學習只為了自我滿足，心高氣傲，不能將自己所學貢獻、回饋社會，也無法造福人群。而一個人實在應該將自社會學到的，加以反芻，摻合自身的體驗與成果，再傳諸於世。

人生短暫，不容許再浪費時間。在此種社會傳棒的新陳代謝下，人的生命才是活潑的，成為社會進步的原動力。

釋迦亦根據自利、利他的精神，立定決心，將自己徹悟的道理傳予他人，致使佛教教義得以代代相傳至今。

23 人生如水車

聞善說之法，即身隨其法，此人始可超越死境，到達彼岸。《法句經》八六

我們的人生可比喻為古代擱在河岸邊的水車，水車的下半部是順流而轉，上半部是逆流反轉。如果水車全部沈入水中，將無法轉動，且被水沖逝；如果全部離開水面，也無法轉動。

此水車與水流的關係，頗似個人與社會的關係。若整個人均投身社會中，就會被世流沖走；相反的，若遠離社會，保持孤高態度，人生也如同空轉一般。理想的人生姿態是兩相兼顧，相得益彰的。社會之路與淨身之路並進，將自己下半身浸在社會潮流中，善加適應；同時，上半身卻逆流而行，潛心專念於該做的事物。

釋迦外出展開傳道的旅程，朝瓦拉那西方向而去。

瓦拉那西是印度教徒的聖都，人人相信，只要走進貫穿世區的恆河內沐浴一番，即可洗淨滿身的罪孽與污穢，死後亦可升入天堂。

釋迦在途中遇到不少的婆羅門與西拉曼拉，但可能是因傳道方法未趨熟練，故

還不能使他們放棄自己的宗教。

釋迦繼續其旅程，從瓦拉那西向東北方行約七公里，在鹿野園遇見五位當年同伴修行的修拉瑪那。他們一見釋迦便交頭接耳、竊竊私語：

「那就是捨棄苦行精進，奢侈墮落的人，他不值得我們理喻。」

可是，當釋迦走進時，仍招呼著：「朋友！」

但釋迦開口道：「你們不可直呼我的名字，也不可稱呼我為朋友，我已修成如來（佛陀），是至高的先覺者，配得一般世人供養。你們現在留心聆聽，我已求得不死之法，並將傳予你們，你們只要按我的道理而行，不久亦將成就無上梵行，這也正是你們捨親出家的本意。」

他們卻不加理會。

據聞，最後是經釋迦誠意正心教誨、傳授道理，並三度提示：「你們曾看過我如現在這般散發的佛光？因我已是佛。」他們才有所醒悟，立志歸為釋迦的弟子。

後世的佛教弟子們，為紀念釋迦首次將徹悟道理傳予他人的地方，稱其地為「初轉法輪」之地，並以此地為佛教「自利利他」教義弘揚世界的轉捩點。

24 從慾望的束縛中解脫

不可二人並行。《律大品》

釋迦最初開始在沙爾摩特傳道，是一個遠離印度婆羅門聖地瓦拉那西，風光明媚的地方。在此巡禮地外面，也是修拉瑪那互相討論自由思想與修行之地。

以釋迦立意將自己徹悟的道理傳給他人的決心而視，不難了解釋迦傳授革新教義的心意，但他大無畏的傳教精神，也只侷限於傳統印度婆羅門教聖地之外。

在瓦拉那西，有一位名叫約薩的良家弟子，遇見正在遊走的釋迦，而釋迦亦得知約薩對人生的慨嘆：「沖和在世上是多麼苦惱。」

於是，釋迦向約薩說教講道，告之人的慾望無窮，超脫慾望的束縛，才能得到真正的幸福與喜悅。

據說，釋迦講道簡潔有力，使人易於明瞭。約薩皈依釋迦出家修行，其後，約薩的父母與妻子也相繼皈依，成為在家信徒。

此外，同為良家子弟的約瑪克、斯巴克、本那奇、蓋凡派等四人，也循約薩的榜樣，歸釋迦。當皈依弟子達六十一人時，釋迦開言道：

「各位修行者，我已從天界，人間的所有束縛中解脫出來，你們也從天界，人間所有的束縛中解脫出來了。現在，你們更須謹慎行事，慈悲為懷，為眾人謀求福利，為天、人之間的幸福外出傳道。你們不可二人同行傳道，各人擇道而行，在說教時，應以初善、中善、終也善為主。道理與語言技巧最好全備，並要顯示你們完全清淨的行為。世上有許多未被塵垢遮蔽，但因未聞教義而懈怠的人，他們只須聞道便可開悟。各位，我本身將往烏爾維那的塞那村去傳教。」

許多弟子都為釋迦這番傳道宣言所感動，也以必死的決心，單身赴印度各地傳教。

在釋迦眾弟子中，富樓那雖一樣志願傳道，但釋迦為考驗其意志，曾三度拒絕其傳道，但富樓那堅定的誠意終獲釋迦的允許，於是富樓那單身至邊界斯蘭巴蘭達傳道去。

基督教是主張二位宣教士同行傳教，而釋迦的單身傳教更意味著絕對獨立，不依賴他人的精神。

25 長遠眼光與廣闊胸襟

執著時，即被惡魔所縛；無執著時，即從惡魔束縛中解脫。《相應部經典》

釋迦徹悟以後，有一天在街上托缽而行。

那日適逢祭拜日，無人注意到釋迦，更無人供養其食物。當釋迦正欲空手而歸時，惡魔出現了，並悄聲說道：

「你再待一會，便有人來供養了。」

但釋迦回答道：

「就算一無所獲，你看我還不是活得很快樂，我就如光音天（印度教的神）一樣，是吃喜悅而活的。」

如此的回答，即將惡魔的引誘一蹴踢開。

又有一次，惡魔告訴釋迦，傳教必須改革政治，並將授與釋迦無比的權力，釋迦立即斥退其誘惑，說道：

「就算雪山化成黃金，甚至加倍，也滿足不了一個人的慾望。人們應該深知這個道理，匡正自己的行為。」

釋迦斥退一切的誘惑，並更深一層地得到開悟。

有一次，釋迦的弟子那達問道：「大家都說什麼惡魔、惡魔的，但惡魔到底是什麼？」

釋迦答道：「色（受想行識）即為惡魔。那達，你可以觀察一下，那些有心者因憎惡色、遠離色而得到解脫。」

「色」也等於是一個人的自我意識，人的慾望不僅是物質與金錢上的，另外尚有名譽慾、權力慾、食慾、性慾、睡眠慾等，不勝枚舉。一般人為了實現自己的慾望，內心即意識到擬人化的魔鬼，不斷受其引誘。

故釋迦訓誡道，一個人如受到慾望（在佛教中為無明，基督教中為原罪）所束縛，為達慾望而為所欲為，此人便在惡魔主宰下喪失了人性。

天地鬼神之道，都厭惡充盈。謙遜虛心，沖淡自抑，可以避免禍害。人生穿衣只不過為了禦寒遮露，吃飯只不過為了填飽肚子，抵擋飢餓。人的身體之內，尚且不可以奢靡，身體之外，又怎麼能傲慢奢侈呢？因貪慾而傷生，令人深感惋惜。

26 可悲的差別心態

佛性平等，故視眾生無差別。《大般涅槃經》

釋迦帶了五個弟子出發展開傳道之旅。到達摩加那國，那裡盛行著供拜火神的婆羅門教，當時由名為迦葉的三兄弟所領導，各有五百、三百、二百，合計共千人的修行者追隨其後。

釋迦首先拜訪根據地設在烏爾維拉的長兄迦葉，與其討論宗教道理，並說服了迦葉，使其改宗追隨釋迦。相繼其他二個弟弟及其追隨修行者，集體追隨釋迦。區區一介修拉瑪那，可使傳統的婆羅門修行者集體改宗，在當時是一件令人震驚的大事，更顯示出釋迦神奇的感召力。

集體改宗的消息傳至瑪迦達國王平比薩拉處，國王專程至釋迦率弟子修行地——蓋耶的象頭山（蓋耶西林沙山），詢問千人集體改宗的理由。

長兄迦葉代表答覆，並闡述教義。

國王深受感動，決定請釋迦至自己的城堡拉謝克里哈講道，並將該城附近的精舍（僧院）騰出，作為招待釋迦之用，此即日後著名的佛教遺跡——竹林精舍。

這是釋迦第一個傳教根據地，在那裡得到國王與百姓熱烈而廣泛的擁戴。皈依的人當中，除了先前介紹過六師外道之一聖些耶的高弟子目犍連、舍利弗二百五十弟子外，還有記載在原始佛教經典中，迦葉弟子千人，合計一千二百五十人，成為釋迦最初教會的中堅信徒。

後來，釋迦又轉住故鄉加彼拉華斯陀傳道，皈依者更多，其中包括女子與賤民，這在當時印度是有史以來的創舉。

因為印度自古女性地位低微，而又以世襲的階級制度區分人的貴賤等級，故一般人不敢奢望得到平等的待遇。但釋迦卻打破這種人為的限制，廣施慈悲，不分貴賤，傳布佛法前人人平等的道理。向那些被歧視的人伸出援手，開啟希望之門。

說來遺憾，今日人們仍常以差別待遇為人處世，無視人性平等的尊嚴。人是生而平等的，不應以外在的容貌、身分、家世、性別、收入等等來衡量一個人。

釋迦說：「人不以出生為貴，而以品行為貴。」（《經集》）不知這句話感化了多少人。這種情形說來悲哀，故那些有差別心態人的心可說是卑賤的。

27 阿吽的呼吸

急著處理事物，不能住法。
有智慧的人洞悉義與不義。
《法句經》二五六

釋迦傳道的法則是不分男女老幼、貧富，與身分階級的差別，實踐在佛法前人人平等的理想。且就各人的性格、能力，因才施教的傳道，稱之為「對機說法」。

在開始說教時，採用普遍為人所知的事物為比喻，深入淺出的教導。釋迦傳道的方式有如對症下藥，引導人們走向真正的幸福之道。

釋迦的傳授法，對當時婆羅門僧侶是難以想像的事。因為他們師傳的教義，不能對外公開。有些深奧的教義，只以口傳方式傳於特定的弟子。

釋迦捨難澀的文言，而採鄉里間使用的話語傳道。這些口語化的教導，經弟子代代相傳，後來整理為原始佛教經典。

當佛教從印度傳入中國，一般也採用此種深入淺出的傳授法。

中國禪語錄《碧嚴錄》中有句話「啐啄同時」。

意思是小雞將出生時，小雞在蛋殼內用小嘴啄殼，同時，母雞在外相呼應，也以嘴啄蛋殼，當二者行為一致時，蛋殼成功的破裂，小雞也就安然誕生。

但是，據說這種同時配合的機率只有四分之一。

若母雞太早在外啄殼，則殼內的小雞尚未發育完全；相反的，若小雞已完全發育，母親沒有發現，以致小雞悶死其中。而小雞太早破殼而出，易造成畸形雞。

這種母鳥與小鳥的關係，可比喻為禪的「悟」是一種「師資相承」的關係，傳道者（能化）與被傳者（所化）的關係。師為「母鳥」，高呼傳道，而弟子「小鳥」不能領悟，時機便無法成熟。又如無論小鳥如何欲出，母鳥不能配合，也是枉然。

若是雙方都無意，那麼根本無此機緣可言。

因此，在傳授的過程中，技術問題與經濟狀況都是次要的，只是一種單純的手段，而非目的的本身。

傳道須是一對一，心心相印的關係相呼應的。就如「阿吽的呼吸」，若不能有所感應，那麼以人互動關係為基本的一切事物，都無法成就了。

作者以為，在傳道或其他事物上，在供、需一致時，才會有所作為。

28 卑賤的妒忌心

內心藏著妒忌，空有美麗的姿容。心有所吝、言語不正，絕非美貌。《法句經》二六五

自古有言：「見人蓋屋，內心難安。」妒忌、羨慕他人的心理存在人心。

有一位最近退休的大學教授吐露他的心聲說：「想不到一退休，所有的邀稿與演講邀請都突然減少，每天空閒得發慌。正值此時，有位同輩的朋友送來一本近著，請賜批評。自己內心感到『真正不是滋味』。」

此外，有一位被世人公認為高僧的也說過：「要斷物慾易，過了壯年，斷肉慾亦易，但聽到對別人讚美時，仍感十分不適，嫉妒之念猶生。」

由此可知，只要是人，往往都會因眼見同輩的競爭對手超前，洋洋得意的樣子，而心懷不平。若有人能在此情況下，仍由衷地讚賞對方，此人的人格必定是崇高無上的。釋迦也曾傳下過如此的趣譚：

當釋迦至各地傳道，名聲大噪後，其表弟代特達卡，也請求釋迦准予其皈依出家。但釋迦說：「你並不適合出家，還是在家帶髮修行吧！」

結果引起代特達卡極大的不滿，就宣稱：

「釋迦因為怕我出家修行後，名聲凌駕其上，故如此斷然拒絕為我剃度出家，真是一個心胸狹窄的人。他既不願為我剃度，我就自己削髮出家。」

他宣布自己為釋迦種族之子的豪語，拜修行者謝拉達為師，並得到師授的神通力，然後自組教團，獲眾多弟子皈依。

釋迦弟子風聞這個消息，便告之釋迦：「代特達卡最近得到神通力，便已名聞天下，聲勢幾乎凌駕師父之上，不知師父有何應對之策。」

釋迦微笑道：「你們不必為此事操心。代特達卡雖費了許多力氣得到神通力，但這反而促使他墮入地獄、餓鬼、畜生三惡道。並且他現在得到的名聲、德望不久也將消失。因為他無疑已為自己造了身、口、意三惡業。」

果然不出所料，代特達卡因過分依恃神通力，發威施虐而失去了神通力，卻又不知悔悟，反惱羞成怒，終遭到地獄責罰的煎熬。

「心想害人，結果兩敗俱傷」。嫉妒他人，以致自己的品格、工作淪喪。故應覺悟到淪喪的陷阱正等著這些善嫉之人。

29 為善終得回報

五惡果實未熟前，見為惡者幸福。待五惡果實成熟後，為惡者終陷不幸。

《法句經》一一九

有些人認為：「做惡事的人，過著幸福美滿的日子，而自己雖然一直努力認真地工作，卻仍繼續過著不幸的日子，天理何在！」因而埋怨、詛咒這個世界。

的確，在惡報未成熟時，即使作惡多端的人，也是好運連連。但是，一旦惡報成熟，不知不覺中便惡運當頭了。

同樣的道理，為善者在好報未成熟時，也會遭到惡運。但當行善的果報成熟時，好運便不知不覺的來臨。

雖然我們不能得知善惡果報何時發生，但過去有許多實例確切地證明了惡有惡報、善有善報的因果報應原理，是不容質疑的事實。

釋迦在世時，有一名叫加留陀夷的男子。

他以與釋迦同年同日出生而著名。釋迦甫出家，他即緊隨其後出家，皈依釋迦為弟子。但是他生性放肆、不遵守團隊的生活，諸如寒夜將後輩弟子關在精舍門外、射殺鳥群、役使尼僧、偷窺王妃裸體取樂、與前妻促膝交談，或碰觸女信徒的身體，諸如此類惡行，絲毫沒有悔意。釋迦得知他越軌的行為，便訂定一比丘（弟子）不得超越的團體生活規則（戒律），責成他與以他為首的眾弟子恪遵。

加留陀夷漸覺悔悟，便自願隨侍釋迦身邊，做一個熱心的修行者，日日努力認真工作，得到釋迦信賴，也受到一位住在沙巴底街名喚婆羅門的敬愛。

後來，一個年輕的盜賊頭目，率領眾多手下來到釋迦教團附近。年輕頭目與婆羅門的妻子一見鍾情，互通款曲。

加留陀夷在一天早上，發現了這二人的姦情，就勸告婆羅門妻子回頭是岸。但其妻卻心慌不已，唯恐姦情暴發，激怒丈夫，故與盜賊頭目計謀殺害加留陀夷。

一天晚上盜賊埋伏在加留陀夷回家的路上，趁其走過沒有人煙的肥料堆時，取其性命，斬下首級，扔進肥料堆中。

據說，釋迦知道實情後，為其收屍，懇切為其火化。

人間萬事真可謂是塞翁失馬的故事。我們雖不能預知將來，但只要堂堂正正的做人，問心無愧地活下去，無論未來的結果，也可謂在人世間沒有什麼遺憾了。

30 人生須常磨練

精進是不死之道，放蕩為致死之道，精進者不死，放蕩者既使不死，亦與死者無異。
《法句經》二一

無論釋迦的教義如何恢弘堂正，除非親身體悟篤行，否則不過是畫餅充飢而已。

釋迦曾向弟子偈示八正道或中道等正當人應行的道理，並另設立一簡明易知的實踐德目，亦即稱之為「七佛通戒偈」概約。

其中七佛是指在釋迦之前，已有六個得到徹悟修成的佛陀，釋迦是第七人。此概約是七位先賢代代篤行的教義。這些在《法句經》一八三中有記載，後來在《法華經》的「五百弟子受記品」中也作過介紹。

「七佛通戒偈」所示如下：

諸惡莫作　眾善奉行　自淨其意　是諸佛教

在我國唐朝時代，詩人白樂天曾會見道林禪師，向其問道：

「佛教究竟是什麼教？」當時禪師即出示「七佛通戒偈」。而白樂天早已知道此偈，故嘲諷地說：

「這麼簡單啊！連三歲小孩都知道哩！」

禪師刻不容緩的應對道：

「三歲小孩也許知道，但恐怕八十歲的老者也難做到。」

白樂天無言以對。

不做惡事，遵行善事，是屬道德的範疇，並非佛教專屬的教義。不過，佛教獨特之處在於自淨其意的教義。去惡行善本已不易，而佛教卻進一步勸戒眾人，連自己在行善的意識亦予以摒棄，進入無我的境界，則周圍便會呈現皆大歡喜的氣氛。

且此處所報導的不僅是「不可做惡」，而是想做惡卻無法去行。因為人若無惡性，也就無須向善了。經由諸多的操練，如明鏡止水般的清淨，使已身昇華至「其心善，其面亦善」的境地。

清潔的牙齒，不會有蛀牙。這個道理也可適用於人生的問題：「最重要的不僅是磨練自己，而是使自己經常處於被磨練，不會生鏽的狀況下。」

使自己經常處於被磨練的狀況下，至於磨練的方法則是次要的問題。

31 不可輕忽小事

火雖小，卻不可輕忽。
《雜阿含經》四六

有些人心想：「做一點點壞事，是無關緊要的，反正大家或多或少都在做。」剛開始以為一點點壞事微不足道，豈知，曾幾何時，累積醞釀成禍事。事到臨頭再慌張焦急已來不及了。一生就此毀壞，十分可惜。

「星星之火可以燎原」，火種雖小，但餘燼未滅，如予以忽略，會釀成大火。如將火換成人，道理也是相同的。若認為對方不過是個小伙子，其貌不揚，區區無名，身無分文，而加以輕視，以後可能鑄成難以彌補的憾事。

有一次，釋迦駐留在舍衛城郊外釋愛達林的精舍。值克薩拉國的巴薩拉地國王慕名來訪。國王眼見釋迦如此年輕，就問：

「師父，您認為您已得到至高的徹悟？」釋迦以充滿自信的口吻回答：

「國王！你說得不錯，如果在這世上有人可斷言他已得到至高的徹悟，那就是我！」

國王仍有些疑惑，乃問：

「可是，師父，在這世上被眾弟子尊為師父，聞名遐邇的修拉瑪那與婆羅門極多，但他們當中沒有一個人敢自稱得到至高的徹悟。而釋迦你這麼年輕，出家修行的日子仍淺，如何能夠呢！」

釋迦二十九歲出家，三十五歲悟道，與國王談話時，是在悟道後不久，不到四十歲，如此年輕而有這麼宏大的成就，也難怪國王百思不解。這時釋迦回答：

「國王，切不可以年齡輕看我。世界上有四樣東西不能以其小而忽視的，那就是：王族不可以其年幼而輕忽、蛇不能以其小而大意、火不可以其弱而漠視，比丘不能以年齡而蔑視。」

據聞，國王聽了十分感佩，皈依釋迦的教義。

在重視年資的國度裡，年輕一輩往往被冠上「小伙子」而加以忽視；但在重視實力的國家，無論年紀如何，只要具有堂正的見識與實力，照樣擢升不誤。

在美國哈佛大學內，就常見二十多歲的年輕人，教導研究所四、五十歲的老學生。

暴力為人所懼，故易地而思。
不可殺人、不可借刀殺人。
《法句經》一二九

32 為對方設想

當釋迦自愛達林精舍遊行至沙圭地市鎮途中，看到孩童在小溪中捕魚玩耍，十分快樂。仔細一看，才發現孩童們在戲虐那些捕到的魚。因此，釋迦開口道：

「孩子們，你們難道願意別人也如此對待你們嗎？」

孩子回答：

「我們當然不願意。」

於是將捕到的魚放回小溪中。

無論大人或小孩若都如此坦誠的反省自己，為他人著想，不傷害他人，應是最理想的情況。但實際的情況卻是極糟，許多人都做著不當的事。尤其是一些富有國家的大都市，已成為兇惡犯罪的巢穴。

以美國第一大都會紐約而言，平均一天發生四件殺人案、十一件強暴案、二百十三件強盜案，以及一百十二件惡性傷害案件。而且紐約還稱不上最嚴重的情況，其犯罪率在全美十二大都市中排名第八而已。

只是，近來許多無辜的人也被捲入兇案，無緣無故地被傷害或死亡的比例急遽增加。這種傾向，在高度文明國家中越發顯著。原因雖然也很複雜，但最主要的卻在於人與人之間缺乏連同感，為了滿足自己的慾望，不管是否損害連累他人的風氣盛行所致。

另外，家庭生活崩潰，更易在外受到無數誘惑陷阱與網羅。一個處於都會中的人，除非有良心的自制，否則極易墮落敗壞。

漸漸的，這種風氣從都市流傳到鄉村，甚至出現孩童或學生毆打雙親與老師的案例。雖然一個人犯罪的動機是因其個性不成熟所致。但社會風氣與生長環境也是脫不了關係的。

就如現在普遍有以惡作劇困擾別人，不但得到允許，反而引來幸災樂禍看笑話的風氣。另外，未成年人毫不在乎地模仿那些分不清現實與虛構的鬧劇，也行之成理。大家明明看在眼裡，卻不加糾正，這真是一不平常的現象。我們應教導孩童，灌輸其以切身之痛，站在別人立場三思而後行。

33 孩童心中的濁點

怒火中燒時，不分是非，好事也加以曲解成惡事，待怒氣消散，於心不安，如火燒般的痛苦。《釋迦自說經》

有一次，當釋迦駐留在沙瓦地郊外的愛達林精舍時，遇到二個比丘吵架事件。經探問下，始知其中一個比丘做了件惡事，得罪了另一個比丘，雖然，做錯事的比丘誠意地謝罪，仍得不到另一個比丘的饒恕，並厲聲責罵對方。有些比丘看著也不是解決之道，便將事件原委告訴釋迦。

釋迦聽了，便開口教誨他們：

「眾比丘們，犯了罪抵賴，以及不接受別人道歉，這兩種人均是愚者，所以大家應做一個勇於認錯，及給別人認錯機會的智者。」（《相應部經典》）

另有一次，一位名叫三佳拉巴的婆羅門來此精舍探訪釋迦。

「有時我看不清事物的真相，這是怎麼一回事。」

釋迦回答道：

「這便如同以水照臉的道理。若容器中的水很混濁，如何能反映出正確的面貌；這就比如一個人貪得無厭，內心未能澄清，不能見到事物的本相。又若在火上沸騰的水，不能照出面貌；就比如一個人怒火中燒，無法看清事物一般。此外，若水面被青苔全部覆蓋，怎能照見臉孔；就比如一個人的心被愚蠢與疑惑所掩蔽，根本看不見事實。」（《相應部經典》四六）。

一顆被自己意氣攪亂的心，是無法正視對方的。

這亦如同一把心斧，傷人傷己，對誰都沒有好處。

釋迦看清人們的愚蠢，故常勸大家以「明鏡止水」的心境面對世事，這也是不分古今中外的針砭明訓。無論任何人在意氣充塞中，是無法集中精神思考正確的。

「我老是沒有辦法猜透別人的心意。」人彼此有異的情形，毋寧說是一種必然的現象。而團體就是這些彼此互異的人們的集合。

《春秋左氏傳》中有句話說：「人心不同，如其面。」

就是說，人的心就像人的臉一樣，是各有不同的。因此，要用自己的心去忖度別人的心，其中一定會有滯礙不通之處。真的要想理解對方的心思，唯一的方法是，要完全地接納對方。

34 不自知的愚笨

蔡拉邦拔佳，你不必害怕或為自己的愚笨而悲哀。
《增一阿含經》二

在釋迦的弟子中，有一位叫做蔡拉邦拔佳的人，他因記性不好，常在其他同門五百多弟子中受窘，當師父點名要他背誦時，他總是背不出來，因此大家都冷眼嘲弄說：「好一個蹩腳的釋迦弟子。」

有一天，當他一個人站在精舍外悲歎，適逢釋迦路過，便問他：

「為何一人在此發楞。」

他便吐露心中的煩悶。而釋迦用「蔡拉邦拔佳，你不必害怕或為自己的愚笨而悲哀」安慰他，並交給他一支掃帚，勉勵他說：

「你口中不斷地唱誦我要除塵，我要去垢，一面用這支掃帚打掃精舍內外。」

據說蔡拉邦拔佳默默的照著師父的交待而行，親身領會到「塵垢是人世間的迷惑，而智慧是心帚」，結果比其他的弟子更早得到覺悟。

反觀今日的教育現況，父母子女都埋首在升學的競爭中，無暇亦無心建立道德與人格。只知擠進好的學校，拿好的成績。而學校的老師們也是採取填鴨的教育方式，灌輸下一代許多與現實社會脫節的知識，認為學生修完學分畢業即大功告成。如此花費了昂貴的學費，浪費了寶貴的青春大好時光，所得到的不過是製造了成群填滿飼料的雛鳥。

人人都希望成為聰明的人。學歷與頭銜或可做為一個人初步評估的基準，但現實社會中重視的，仍是一個人本身的工作能力，所有浮面的標識均無用武之地。因此，與其製造浮而不實假聰明的人，不如培育像蔡拉邦拔佳那種乍看愚笨，實際沈穩有用的人。這才是社會之福。

英國評論家威爾頓曾一針見血的說過：

「所謂的智者、愚者皆俱愚性，所不同的則在於愚者之愚，為世人所知而不自知；智者之愚，是自知而隱瞞世人。」

現在所謂智慧型犯罪有增加的趨勢，他們瞞天過海，在隱蔽處做盡惡事，令人防不勝防，他們比那些單純愚笨的犯罪者更應受到嚴厲的懲罰糾正。《法句經》六三有言：「愚者思及愚，必因而生智。愚者思及賢，必成至愚。」

35 尋求完全的幸福

拈花惹草，貪得無厭的人，在他慾望滿足前，死亡已守在門口了。
《法句經》四八

隨著經濟高度成長的風潮，人們在物質上已有極大的改善，生活享受也大幅提升。即使如此，仍有許多人極盡賺錢之能事，貪得無厭，欲求更高的財富。

有些虛榮心作祟的人，眼見富人豪華揮霍的生活，他打腫臉充胖子，向別人高利貸款，以應付奢華生活之需，到最後全家破產，生活無著的例子比比皆是。

的確，金錢可以買到自己喜歡的東西，可以去做自己喜歡的事，滿足許多慾求。但是否能達到富有的目的，一個極盡所能瘋狂賺錢的社會，到底是幸還是不幸，實在值得懷疑。

最近，美國終於警覺到「金錢是人生一切」風氣所造成拜金主義的競爭社會中所產生的弊害。代之而起的是，擁有完整人生的風氣大開。

例如，那位由一文不名窮小子，搖身一變為「億萬富翁」的保羅・美耶，就認為一個以金錢、地位，或權力當做人生最終目標的人，絕非理想的成功人士。一個成功的人，是一方面在健康、社會生活、教養、精神、經濟、家庭生活方面保持調和，另一方面追求自己內在潛能的發揮。唯有懂得這種生活方式的人，始可獲幸福的人生。

而令人驚訝的是，釋迦早已在《六方禮經》中提出六個生活面的教導，使人生有萬全的生活準備。

其中並具體地舉例說明有關健康方面的親子關係；社會生活方面的親族知己關係；教養方面的師弟關係；精神方面的出世入世關係；經濟方面的勞資關係；家庭生活方面的夫婦關係。

除了這六個生活面外，同時還提倡一個人自己為中心的個體生活方式。這也從釋迦在倫比里出生後不久，即走了七步，右手在上，左手指著下方，宣稱「天上地下唯我獨尊」的象徵動作中表明出來。

釋迦走了七步，表示在六個生活面的前題下，須更向前邁進一步，也就是說，在我們有生之年，不止是每天生活下去，還應邁向完美人生而活，活用自己寶貴的一生，才是理想人物應有的模範。

36 安居地在心中

如深谷底的清澄與寧靜，有心者聞道而安泰。《法句經》八五

我們無論在何時何地都是孤獨的，無論周圍有多少相知的親人、弟兄，或朋友，與他們共處一室，但終究人還是一個孤獨存在的個體，沒有任何人例外的。

人因為與生俱有的孤獨，而更難以忍受孤獨，故不斷尋找聊天談心的對象，盼望傳達自己的心聲，得到了解，得到共鳴，以慰孤寂。

在古時印度的保達利鎮，有一位阿薩加王，熱愛著他的烏巴利王妃。

但是王妃紅顏薄命，未幾與世長辭。

國王悲傷逾恆，茶飯不思，並將王妃遺體放置在寢台邊，鎮日對之悲嘆不已。眾臣見到國王的情況，十分著急，商量出許多安慰國王的方法，但均未能奏效。過了數日，有一位住在喜瑪拉亞山的仙人來訪，得知國王的情況，就向其進言：

「如國王欲知王妃轉生何處，我可以告訴你，並可讓你與她談話。」

國王一聽，笑逐顏開，速令仙人攜其前往。

仙人將國王帶至庭院中，指著二隻正在搬運牛糞的昆蟲說：

「這一隻就是烏巴利王妃，她現在已離開你，嫁給以食牛糞的昆蟲為妻。」

國王大吃一驚，斥喝道：「胡說！那有這種事。」

仙人說：「你不信嗎？……」就向昆蟲呼叫一聲，那隻昆蟲便發出和王妃一般甜美的聲音。

國王問她：「妳愛前生的我，還是愛妳現在的昆蟲丈夫？」

王妃答道：「國王在前世如此寵幸我，使我過著舒適快樂的生活。但我現在與前世有什麼關係呢？我當然愛我食牛糞的丈夫，而且愛得十分深切。」

國王啞然無言，下令埋葬王妃的遺體。

這段趣譚收錄在佛教說話集《愛達迦》中。《愛達迦》可比美西方的《伊索寓言》。這段故事的內容道出，最親愛的人已死，那份難以割捨的留戀，也是一個人的孽障。我們一旦遇到人生的遽變，驚慌失措、痛苦煎熬之際，正是領悟到生者必滅人生真相的時機。

在這個多變的世界，只有具備信心與勇氣的人，才可得到幸福的人生。

37 奉獻心態的重要

人們為了自己的利益而結交朋友、奉獻自己。而今日無利不交，整日為利益奔走，人心齷齪。
《釋達・尼巴達（經集）》

有一次釋迦正在遊行托缽時，一個農夫過來問他：「我們都在耕田、播種、收割、自給自足，你為什麼不跟我們一樣耕田、播種呢？」

釋迦輕快的回答：「不錯，我也在耕耘、播種，而收穫糧食。」

農夫不諳這個回答的意思，又問：「可是我從未見到你耕田、播種啊！你的鋤頭在那？你的牛在那？你何時播種？」

這位農夫的概念可能認為，以實際肉體勞動而有所生產的人，才有得到食物的權利。至於接收他人施捨下的生活是不勞而獲的人，沒有得到食物的權利。因此相傳，釋迦為了糾正這種觀念，在《雜阿含經》中，有如下的詩文記載：

「智慧是我耕田的鋤頭，信任是我播下的種子。以身、口、意的修持消滅惡業是除草的工作。精進是我牽引的手，此手是行而無退，行而無悲，載我至安詳的境地，我耕田播種的收穫是甘露果，解脫一切苦厄。」

我們往往易於陷入，有形生產者才有獲得食物的權利。但是像教師、律師、醫師、商人、職棒選手、司機等職業，都沒有實體生產者，是否無獲得食物的權利？而他們提供的都是無形的智慧與技術的服務。

當然從事肉體勞動，生產實物的工作，給人寶貴的真實感，但如果認為只有這種才算工作，就未免太過偏頗。釋迦在世時，都市的商業活動已蓬勃發展著，智慧產業也逐漸抬頭。而今日在這個資訊時代中，需要動腦的專門職業與單位益發額外受到重視。

人際關係日趨福壽雙全的社會中，紛爭與煩雜層出不窮。而解決這些問題的專門人才，如律師、顧問呈現炙手可熱的現象。釋迦可說是這方面的先驅者。

我認識的一位英國律師，在倫敦下街設置事務所，而他本人終年在世界各地奔走。他也是魯易特船舶協會公設的律師，每當公海上有海難發生，他就得趕往現場，為船公司代行損害鑑定，並向保險公司提出賠償請求。

每一宗案件，他即憑著專業知識與腦力便可得數十萬以上台幣的鑑定酬勞。這並非任何人都可勝任的工作，也是社會中日益需求的工作。

38 洞悉真偽的目光

淺底的小溪，發出潺潺水聲的流著，
深濬的大河自然寧靜的流著。
《釋達．尼巴達（經集）》

克薩拉國的巴薩拉地王，有一次經過釋迦向一千二百五十個弟子說法的地方，只見那兒一片肅靜，如入無人之境一般。國王十分佩服，後來向釋迦說道：

「尊師，我生為國王，燒殺擄掠，掌握生殺大權，可以為所欲為。可是，當我坐在審判座上審判別人時，總會有人抗爭、騷擾。我雖然一再警告那些人不得打斷審判，妨害審判官判案，但不見效果。可是，尊師說道時卻完全不同，雖未聞下令肅靜，但眾弟子們全部充耳傾聽，連一聲咳嗽都聽不到，彷彿怕漏聽了任何一句。這真是不可思議，太令人佩服了。」

據說，巴薩拉地王自此便認定釋迦是位品德崇高的人士，其教義與聽眾均是不可多得的正派，在感佩之下，皈依為佛教徒。

反觀我們曾經參加過的演講、演奏會，或其他的集會，即使集會早已開始，但仍見許多人姍姍來遲，聽眾們交頭接耳、談笑、打盹、早退、喧鬧無比。如有人希望認真聽講，卻幾乎無法聽清楚。像這樣的集會，無論演出者或聽眾都絕非一流，而最多是二、三流之輩，有心人士還是立即離開為妙。

一流的人士，只要站在他身旁，就會令人感到其高尚的氣質，如沐春風，散發著和睦開朗的魅力，使人願意敬佩他、順服他、跟從他。釋迦就是這樣的人品，故其弟子環繞其身邊，肅穆安靜，不忍發出任何聲響，傾心聆聽。

後世的弟子受到希臘風格的影響，而雕刻了釋迦身像，供人膜拜。他們在雕刻時，因感念釋迦的面孔與身體四周發出光華，故刻出身後有光芒的雕像。

如此的人格成就，是一般政治家、軍人、學者無法望其項背的。只有如釋迦深厚崇高的品德。才會使人雕其像而膜拜之。

雖然，我們無法與這樣的人物相比擬，但卻可藉著其外在的溫容，與其內在偉德的感化下，修正己身，日日精進。日本的佛教詩人坂村真民，作詩歌誦如下：

閃光、閃光、一切都在閃亮，沒有黯淡無光的，
即使本身不閃光，也在別人閃光投射下而發亮。

39 不可自欺

河水也不能洗淨心懷惡意，與犯罪者的重重惡業。《中部經典》

有一次，釋迦到那謝克里哈附近的那蘭達傳道，與當地村長作了如下的交談。

村長問釋迦：

「從西方來的婆羅門教徒，他們攜帶著水瓶，身上圍著花環，沐浴淨身，向火膜拜，叫喚死者的名字，欲使其轉化升天。師父，這樣看來，世人死後可以升天，那他們是到什麼好地方？」

釋迦聽了之後，反問道：

「假如現在有一個人，他是殺人犯、小偷、又沈溺在享樂中、說謊、口出卑猥言語、心懷惡意、行為暴亂，在他死後，多人為其做法升天，合掌讚美他，祈願引領他進入極樂世界。你想，他死後可能轉化升天嗎？」

村長回答道：

「那是不可能的事。」

釋迦又問：

「又比如一塊巨大的岩石沈入湖底，而很多人聚集岸邊，雙手合掌祈禱岩石浮上水面，如此沿岸祈求就可使岩石浮上來嗎？」

村長回答：

「絕無此事！」

這時釋迦才表示道：

「當然！無論唱再多的咒文，如何合掌祈願，也不會有任何的靈驗發生。」

村長這才了解到佛陀的教義。

另有一次，釋迦遇見正在施行淨水法的婆羅門，對方問道：

「師父！你在那條河淨身？」

釋迦便以本節起首的引句答道：

「深重的罪業是任何河水，無論沐浴多少次，也不能洗淨的，河水只是一道水槽而已。」

但當時的人們都相信，造了惡業，只須請婆羅門施法，或至河中淨身，便河消滅罪行。而釋迦卻表示，若河水真可淨身除罪，死後轉化升天。那麼人生在世，也無須行善。若認為「有錢可使鬼推磨」，世上還有什麼人倫可言。

師父的教義完全根據「因果報應」的道理。人們碰到或好或惡的遭遇，皆是自己造成的後果，亦即自己的所做所為，必要回報己身。

在今日許多人累積自己的惡行與怠惰，到了緊急關頭才「臨時抱佛腳」，求神問佛不亦樂乎，是否他們不知道這個道理呢！

根據最近以中小學學生為對象的信仰調查，指出相信有佛神的學童很少，但相信行惡會遭懲罰的學童頗多。即使是幼童也都深信行惡終究有被揭發受懲的一天。只是這種罰懲的惡果不一定是由佛神來執行，而是在冥冥之中的因果定律。

這也就是，善有善報、惡有惡報。

蘇俄的作家德斯特愛夫斯基說：「神與惡魔一直都在交戰著，其真正的戰場就是在人的心。」

也就是，人的心經常處在需要選擇「是」與「否」的猶豫中。

> 人即使活至百歲，若未見無上之法，也是枉然。不若人雖一日生，卻覓見無上之法。
> 《法句經》一一五

40 瞬間的生命火花

在世界的天空中，佈滿了如網狀的航空路線，每日成千上萬的飛機錯肩而行，洋洋大觀。

如果飛航確保安全。就沒有一件交通工具可與其相比擬。飛機可做長程而舒適的旅行服務，既便捷又快速。

但是飛行一旦發生事故，就如前幾年在桃園大園鄉，或在西班牙馬德里機場發生的墜機事件，一瞬間的差錯，造成無數的死傷，凶險慘烈的景況，就如同阿鼻叫喚的地獄圖畫。

作者本人也常坐飛機至國內外各地，至目前為止遇到過二次危機重重的飛行災難。幸而均逢凶化吉，死裡逃生，方能活至今日。

第一次是發生在十多年前，從檀香山至日本羽田的途中，飛機起飛四小時後，在太平洋的正中央時，飛機的噴射引擎有一部失調，不能直飛羽田，只有在附近的威克島迫降逃生。在飛機降落前的那段時間裡，心中的恐懼與不安真是無法言喻，在生死未卜的邊緣受盡煎熬折磨。

第二次是在前年，由波士頓飛往紐約的途中，飛機在豪雨中勉強起飛，一直到飛機達到正常的飛航速度，旅客們才鬆了一口氣，但就在此時，飛機內外冒出火花，接著「叭噠」一聲撞擊聲，立即停電陷入一片黑暗，機身搖擺不定，並嗅到陣陣的焦臭味。

不久飛機又回復正常的飛行，空服員報告是受到雷擊所造成的。大家都捏了一把冷汗，戰戰兢兢的，一直到飛機安全降落，才放下心來。

古代行船的人有一句話：「船板下面是地獄。」只一板之隔，生死兩境。可知生命的脆弱，隨時隨地有遭到災難的可能。我們若有這種覺悟，心中存著：「現在是生命最後的一刻」，無論遇到何種景況，也不會驚慌失措。

但是，放眼四周的人們，每個人臉上幾乎均像寫著「我將活到一百歲」，至少也認為自己會活到平均年齡以上，是理所當然的。

「今日事，今日畢」的認真工作態度尚有可為之處，但大多數人都是：「拖延一天而已，沒啥大關係」，如此不但累積工作，到最後一事無成，人生失敗。

一個名為如實苑的宗教團體，在自製的傳道明信片上寫著：「自找藉口、自我分辨，拖過一日又一日」，真是洞悉人心的警言。

因此，提醒那些意志薄弱的人：「沒有人可保證自己可活到明天」，繼之鼓勵他：「隨時隨地想，此刻即生命的最後一刻，多加珍惜。」

「突然間發生了這種意外狀況，我也不知道該如何是好，心中盡是一片焦躁和不安……。」面對事實的變化顯得手足無措的人，如此地述說著他的心境。

一個人如何應付環境的變化，其作為往往會使此人的價值發生改變。如何化危機為生機，這就是關鍵所在。

羅馬劇作家布魯達斯說：「穩靜不亂的心，就是化解災禍最佳的調劑。」

一個對自己深具信心的人，不管處在任何狀況中，還是可以把自己的實力發揮出來，以對應環境的變化。

當事情有了意外狀況時，應該要不慌忙、不焦躁地，冷靜研判事實的真相，思考對策，並要有自信地，面對事實的挑戰。

41 秉持率直的心

善軟、真心者亦得度。《大智度論》

在此引用的這句話，採用展開大乘佛教的龍樹著作中的一句話。這本著作，也是以原始佛教經典為主，眾多經典與理論總匯中的一部佛教百科全書。

人們經常將「率直」的意思與「盲從」的意思混為一談，而有所誤解。這裡所說的「率直」是指遵從道理，不以有色眼光觀看事物，對任何事均嚴正以視。

我們常見世間有些人，在偏見的作祟下，做了不當的判斷，自誤誤人。

在《雜譬喻經》中的一對醋味十足的夫婦，就是個好例子。

一日，妻子聽到丈夫說：「這酒是從水缸中舀出來的。」便到水缸邊，掀開蓋子，看到裡面浮現一位美女。

妻子心中充滿嫉妒，回來向丈夫說：「好哇！你把美女藏在水缸中。」

丈夫十分訝異：「那有這回事。」

也到水缸邊看，卻看到裡面映出一位男子的身影。

丈夫憤怒地說：「你才藏了男子在內。」於是雙方發生激烈爭吵，繼之打鬧成一團。

有一位賢者適逢路過，聽到吵鬧聲，問明雙方原委，便入內說：「我來替你們捉姦。」然後猛的將水缸打破。

夫婦二人這時才如夢初醒，恍然大悟。

經典上記載賢者說：「水缸裡反映出的男女，並非實體，而是影子，愚者卻幻影成實。」據說這位賢者所指的正是釋迦本人。

像上面所描述的偏見，在人智已發達的今日，仍是屢見不鮮，尤其是婆媳之間的爭吵與反目事件不絕於耳。現在的社會，婆媳地位倒轉，媳婦凡事反抗婆婆，即使婆婆有優點，亦不聞不問，只聽媳婦埋怨道：

「我婆婆最不安好心，我稍晚回家，就將門鎖起來，找我麻煩，又不為我預留晚餐，故意要我捱餓。我也是為了工作賺錢才晚回家的，難道要我成為三頭六臂的奴役才甘心。」

而婆婆那一方面卻訴著苦：

「我的媳婦真難說話，因為近來治安不好，尤其是晚上，為了安全，我不得不鎖門，他卻一再嘮叨說我『把媳婦關在門外』。當我為她預留晚餐，她卻說『今天吃過了，不吃了』，若是沒有預留，他又吵鬧說『要餓死我啊』，真難相處，令我不知如何是好。」

這樣的家庭，做丈夫的大多是優柔寡斷、戰戰兢兢，夾在婆媳中間，拿不出有魄力的解決辦法。

先入為主的認定長輩不值得學習，充耳不聞或反目成仇，又有何益？以為順從對方就是讓對方得寸進尺，因而提高警戒，處處設防。卻不知如此卻將自己牢牢關進密封的殼中，即使對方希望融洽相處，也不得路徑。這種情形便如同，裝滿東西的容器，無法容納其他任何物品。在為保持自己身心清新，務請經常騰出空間，培養出接納他人的真誠與度量。如此而行，決不會使自己的容器被破壞。

羅馬詩人赫拉提斯說：「清潔的容器中，即使放入任何東西也不會變酸臭。」

請培養能夠聆聽他人意見的柔軟性，這也是一種人生的磨練。誠懇樸素、毫無成見的心，同時也會促進個人人生的成長。

42 怨恨不能解決問題

怨恨在有恨中不絕，怨恨須經無恨而止。《法句經》五

當釋迦駐留在沙瓦地郊外的愛達林精舍中時，適值一村人前來求教。

那是一位村長，但一般風評頗為不佳。

他也深以此為苦，故問教於釋迦：

「大家都稱我是一粗暴的人，不知何故。而且我也不明白，為何有人被稱為是和氣的人。」

釋迦聽了便回答：

「如有一人懷有貪慾。他為貪慾，不顧其他，致而招別人的恚怨。他又因為別人對他不滿的態度，而變得心情惡劣，脾氣粗暴，故人人稱他為一粗暴的人。

此外，又假定一人，心懷憎怨，予人不良印象，致使別人對其產生憎怒。他會因別人憎怒，而更加怨恨憤怒，因而大家也稱他為粗暴的人。

再假定一人，懷抱愚蠢的心思，結果因他的愚蠢而招致他人的憤怒。他又會因

他人的態度而憤怒不已，故大家也稱他為粗暴的人。

反觀另有一人，他若早已捨去貪心、憎心、愚心。結果是怎樣呢！

結果是，他不會遭別人怨怒，也不會因遭他人怨怒而憤怒粗暴。

大家對這樣的人，都稱為和氣、柔和的人。」

聽了釋迦這番教誨，村人有所了悟，歡歡喜喜的回家去了。

本性頑劣的人，大多不能坦率地接收他人的好意，且自私自利，貪得無厭，待人惡劣，不能分享別人的喜悅，故大家也無法對其產生好感，只能敬而遠之的避諱著。

而有些人卻不自知，反而看不慣別人的作為，出言指責，或惡言謗誹他人。

若是處在其中任一情景中，即應痛定思痛，徹底修改，務須秉持不論他人如何待我，我亦絕不與之為難。以這種心情與人相處。對方終有覺悟的一日。

大乘佛教經典《法華經》中所提到的常不輕菩薩信徒，無論見到任何人，均尊敬有加：

「我不會輕視你，因大家終究將成佛。」

但是愚昧的大眾，不但不領情，反而以其可欺，用石瓦、木杖等物品毆打他，他也受之如飴，最後終於感動大眾，領悟其心意。

有句話是這樣的「丈八燈台，照遠不照近」，意思是人們往往只見別人缺點，卻看不見自己的缺點。即使偶然看出自己的缺點與錯誤，非但不加改正，反而下意識找藉口規避，這也就是人們寬己律人的傾向。

但是，這樣的為人與人格的評價如何呢？絕稱不上堂堂正正的人。故一個人寧可寬人律己、貫徹始終，做一位值得尊敬的人。

詩曰：

以春風接人

以秋霜慎自

如能經常保持此種心境，即可稱為「人生中的賢人」。

什麼是「德」，就是讓他覺得有「得」，若老讓人覺得失去了什麼，這德就不是德。凡事與其事後還要調節，無寧就不要讓它發生。

在人世間，無法克服充滿苦毒猛烈慾望的人，就如茂盛的比拉那草，憂苦俱增。《法句經》三五五

43 愛慾的彼方

有一次，釋迦到烏爾維拉一帶展開傳道。

在途中，一人進入森林，坐在樹下休息，當時來了許多戴著草帽的年輕人，在森林中東搜西尋的。

他們看見釋迦，就問道：

「有沒有看到一個女子經過。」

經釋迦探問，始知這三十多位年輕人中有一位攜帶妓女同遊，這名女子趁他們玩得不亦樂乎時，藉機奪走貴重物品而逃逸，所以他們正在追尋這名女子。

釋迦問道：

「年輕人！你們認為找這名女子重要，抑是尋找自己重要！」

這群年輕人若有所思地說：

「當然尋找自己更重要。」

這時釋迦才說道：「那麼，請大家坐下，我告訴你們尋找自己的方法。」然後向他們講述人生的意義。這群年輕人也深感自己過去生活有所缺失，便皈依成為釋迦的弟子。

近來常出現愛情糾紛，很多是有一方要求分手，另一方便怒火中燒，拔刀刺傷對方的案件。也有頗多女性被心愛男子拋棄而痛不欲生的案件。

甚至有些女性以不正當手段賺到金錢，供應男子，在身心、物質全部奉獻的情況下，仍被男子棄之如敝屣，然而後悔莫及。

自古有言：「名譽是男性的第二生命，而女性卻為男性捨棄生命。」以及「女性以為將自己的一切獻上，就等於將全世界給了男性，而男性只不過以玩玩具的心情對待之。」

女性往往一旦以身相許，就難以自拔，完全依賴對方。這種情形或許令人感動，但日久卻成為男性的負擔，而想逃之夭夭。

但另一方面，女性卻認為男性變心背叛，憤怒指責對方，更加緊纏不放。有些聰明的女子，可能會當機立斷的快刀斬亂麻，結束交往。但大多數的女子卻仍留戀難捨，痛苦掙扎不已。

據稱，如上的男女關係可謂之「火柴水幫浦」，就是說男性點火使女性心懷熱情燃燒，待火燒旺，難以應付時，又匆忙以水熄火。

這到底是點火的男性錯了，抑是被燃的女性有誤，難以定論，但結果恐怕是兩敗俱傷。如雙方在一開始即有「人生終須別離」的警覺，將不致陷入痛苦的泥沼中。但是大家都看不清自己，肆意貪戀而不自知，終造成飛蛾撲火的僵局。一般在社會上常見為情鬧得難以收場的新聞，大都是分不清愛與慾的區別所致。

第三章
聞·以恢弘大度待人

44 耽溺愛慾招致滅亡

憂愁生自愛慾，恐懼生自愛慾。遠離愛慾的人，無憂、無恐。《法句經》二一五

釋迦有一名叫難陀的堂兄，也出家為比丘。難陀有一天向釋迦訴苦：「出家的日子痛苦難耐，我想還俗。」

釋迦細問理由，難陀答道：「我在出家前，與一位美麗女子相戀，雖在修行中仍不能忘卻她的影子。」

釋迦聽了，便牽著難陀入天界，讓他看見天界裡圍繞在因陀羅身邊的眾多仙女，那些仙女的貌美是俗界女性無可比擬的。

故當釋迦問他：「這些仙女與你的戀人孰美？」

難陀答道：「師父，我的戀人如何與仙女的姿容相比，相形之下，好似一頭母猿而已。」

釋迦便說：「我答應待你修行得道後，將其中一位仙女許配給你。」

據說，自此以後難陀日夜加緊修行，以達領悟得道的境地。

據說類似的趣譚，在日本源隆國所著的《古今故事》中也有談到。

——在很久以前，一年輕僧侶比叡山至京都的法輪寺許願。在回程中，暮色漸深，他只得在附近人家中求住一宿。

當他進入屋內，始發現屋主是一位極美的女子，故心猿意馬，無法入睡。最後偷偷潛入屋主的寢室，欲引誘女主人。

未料女主人正色地加以拒絕，並指責：「我原以為你是一位可尊敬的出家人，才答應借住一宿，我真是後悔看錯人了。」

年輕的僧侶無法完成心願，便陷入極端的苦悶中。女主人看到這種情形，便對他說：

「你會背《法華經》嗎？如果會背，還可證明你是位不錯的出家人，我可以答應你的要求。」

僧侶坦然承認尚不會背，繼之與女主人約定：

「回到寺中，背熟才來見我，到時候實現諾言。」

於是，僧侶翌日一早便急速趕回寺中，全神專注的背讀《法華經》。背熟後，立即去見女主人，但女主人卻說：

「很好！看來我們是有些緣份。但是，我的願望是做一個正派的女施主，為了避免惹人閒話，你去山中修行三年，屆時我必隨你意。」

僧侶心想，這話也有道理。便入山勉勵修行去了。如此這般的，僧侶在化身為美女的法輪寺虛空藏菩薩的開導，終於成為德行非凡的高僧。

由以上的故事，可窺知古今中外，陷入愛慾而苦惱的弟子眾多，若思斷其愛慾之念，只告之：「這是不可行的」，恐難奏效。須使其親身得知耽溺愛慾，將招致滅亡，陷入恐懼與空虛的網羅。不但要跳出滅亡虛空的陷阱，還要提升自己擁有更高層次的氣度。

法國作家阿奈法蘭斯說：「唯有固守，正直、親切、友情等這些普通的道德的人，才可以說是真正偉大的人。」

如果一個人的心完全被出世的慾念所佔據時，人就往往會偏離正道。而即使一時之間的不如意，也用不著因此對自我的人生悲觀。人生應該隨時保持一顆向上的心。

45 學習先人的智慧

在世有母是幸福，有父亦幸。《法句經》三三二

釋迦一日對弟子說：「愚者不見自己逐漸衰老，也不瞭解，衰老是不能避免的事實。故不知自己的老醜，只知嫌惡他人衰老的模樣。」（《增支部經典》三—三八）。

衰老而走向死亡，是人人所厭棄的。

在世上長袖善舞，玩弄權勢於股掌間的人，懼怕死亡，祈求永生，汲汲尋追長生不老之藥。即使是死後，也希望過著與今世同樣的生活，建立豪華的墓園，安置豐富的陪葬物品，盼望續享人世的榮華。但是，人生的盡頭，是與最親的人也得告別，獨自一人前往未知的世界。這是人類無法躲避的殘酷事實。

《雜寶藏經》中，記載一個丟棄老人的國家的故事。此國規定任何人年老體衰時，均將丟棄在遠離世人的地方等待死神的降臨。但是，在國內，有一大臣事父至孝，不忍按照規定將父親棄之荒野，故此大臣在地下挖掘洞穴，建造密室，讓父親

居住其間，以盡孝道。

這個國家的作風，可能觸怒天神，故天神捉了二條蛇放在國王的寶殿中，威脅國王道：「你若不能區別這兩條蛇的雌雄，就要滅你的國。」

國王聽了驚恐萬分，趕緊召集大臣們商量。

但大臣們卻無一人能「區別雌雄」。於是國王向全國公告，如有人可以分辨出雌雄，就有豐盛的獎賞，這位事父至孝的大臣便向父親請教，父親答道：

「分別雌雄很容易，只要將蛇放置在柔軟的物品上，表現焦躁粗暴的為雄，安靜不動的為雌。」此法果真得以分別雌雄，替國王解除危厄。

但是，天神又問國王：「在此有一頭白象，究竟多重？」

這位大臣向父親請教，父答：

「將大眾安置在船上，視此船吃水的程度，在船上做一記號，然後將秤過重量的石頭換裝入船，將船沈至記號處的石頭重量加計起來，便得知象的重量。」

大臣將此法報告國王，測出大象重量，渡過危難。

但是，天神又提出一切成四方形的檀香木，問：「那端是首，那端是尾？」國王又陷入苦惱之中。

國王只得公告天下，徵求解答。大臣回去請教父親，父親答道：「這也很簡單，將木塊放入水中，根部自然會下沈，首端自然浮在水上。」大臣進言給國王，又解除了國王的苦惱。

但天神仍不放過國王，指著同色、同毛、同體型的兩頭牝馬，問之：「那匹是母馬？那匹是子馬？」

大臣的父親指點：「讓馬匹吃草，母馬必定讓子馬先吃。」果然又有了答案。於是天神十分滿意，不再為難國王，並答應保護其國家。

國王十分高興，對大臣說：「你如何有這樣的智慧呢？你真是國家的救星，我賞賜你任何你想要的東西。」

這時大臣坦言道：「其實這不是我的智慧強，我違反了國法將老父藏在地下居住，這些智慧是父親告之的。現在請國王赦免我的罪，並允許我奉養父親。」

國王深受感動。自此下令國民須孝順奉養老人。

釋迦說：「其實這位父親就是我的化身。」

46 過分相信外表的陷阱

外貌端正並非是真正的端正，
而內心端正，受人敬愛的人，
才是真正的端正。《玉耶經》

評價一個人的好壞，不可為其外表所炫惑，必須審視其內在的實質而定。但以貌取人，即是古今皆然的現象。原始佛教經典的《大莊嚴論經》一五便有如下軼事記載。這故事是在舍衛國的祇園精舍，釋迦向眾人說法時所提及的：

在可希拉加那的哈柯勞拉村，有一位名叫修卡巴達的青年，他原為富豪之家後裔，但到他這一代就衰敗了，大家都冷眼對待之。修卡巴達飽嚐世態炎涼，毅然離開故鄉，至他國勤奮工作而老年致富，於是他決定衣錦還鄉，榮歸故里。

故鄉的親族舊識，得知修卡巴達致富回鄉的消息，都擁至村口歡迎。這位年老的富翁卻故意假扮為貧窮的老人，走在回鄉隊伍的前面。親族故識沒想他就是修卡巴達，只忙問老富翁在那裡。喬裝的修卡巴達回答說：「在後面，就要到了！」

親族舊識們等了又等，仍不見功成名就的老富翁，急著問：「到底在那裡？」

修卡巴達道：「在隊伍的最前面。」

於是這批等待人都上前指責他：「你為什麼這樣做？我們特地來迎接他，你卻說他在後面。」

修卡巴達以冷淡的口氣回答：「你們想見的老富翁在後面的駱駝上！當我在貧困中，各位有誰理會過我？所以你們現在迎接的不是我，只是我的財富，這些財富就在後面那些駱駝的背上。」

我們實在不能嘲笑古印度的一般大眾，因為現代也是以人的外表與頭銜作為評價基準。例如，社會上人們初次見面，就以名片上的頭銜予以身份的定位。遇見在校生，也必定詢問：「在那所學校就讀」，而評定是好學生與否。

以現實的頭銜、學校做為初步了解基礎，原也是無可厚非的，但若太拘泥這些外在的事物，便不易看清對方的真相。

購買商品亦是同樣的道理，若只見物品的樣式、色調，或貪圖價格低廉，就予以選購，將來發現其為不良物品，就後悔莫及了。

不以人或物的外表所惑，妄下評定，秉持冷靜客觀的態度鑑賞對方，慎重地比較擇定，如此才可認得真正優良的人品或物品。

47 可貴的體諒之心

人不能找到比自己更愛的東西。在諸物之中，人仍是最愛自己，但愛己不可害人。《相應部經典》

克薩拉國的巴謝拉地王與其美豔的妃子瑪卡利共同過著人間幸福的生活。一天，他們登上高樓，眺望四周的景物，國王若有所思，驀然問王妃道：

「在這無涯天地、芸芸眾生中，你最愛的是誰？」

國王原祈盼王妃會答是他，但王妃卻說：「是我，在這世上沒有比自己更令我愛的人了。」國王異常驚訝，向釋迦請教，釋迦便說了本則開首的那句話。國王沈吟許久，反覆思考，了解到這句話的含意，因為仔細思量下，國王也覺得最愛的亦為自己。

日本詩人榎本榮一先生，曾對這種人性有過一番描述：「當我暗中窺視自己心底深處，覺得頗為羞愧，因為我愛自己勝過愛任何人。」

即使是一對恩愛異常的情侶，追根究底的分析，最愛的仍是自己。釋迦了解到人性中這種自我的愛，是無法避免的宿業，於是只有勸導眾生在愛己之下，不可傷害別人的心，應互相禮讓、互相協助，在人生道上攜手共進。

最近，聽到許多母親訴說自己孩子恣意任性到無法忍受的地步。當然由諸多因素造成這種結果，如社會風氣的奢靡、學校教育的缺失、電視、漫畫、以及弟兄朋友間不良的影響等。但最重要的還是家庭中雙親對孩童教養的問題，尤其是母親，與孩子接觸的機會遠超過父親、老師、兄弟與朋友，母親的思考模式會自然地傳給孩子，影響程度極大，故母親在孩童面前可說扮演著十分重要的角色。

父母親當然希望「自己的孩子吃好的、穿好的、享用最好的、不吃任何苦頭。又送入明星學校，有著幸福人生。待自己老年，可享回饋之福」。

但在此種想法中，即隱藏著許多教育失敗的因素。

無庸置疑的，父母親都最愛自己的孩子，在極端的愛護下，便產生排斥別人孩子的心理。只要自己孩子幸福，不管他人如何的自私人生態度，便在生活中以心傳心地感染到自己孩子。在此情況下教育長大的孩子豈能免除「自私排他」的心態，而且往往只會以自我為中心方式思考事物，不聽父母或老師的教導，長大後，也極可能變成捨棄雙親，任性所為的人了。

48 成為背影受人尊敬的人

敬虔而自謙、知足且存感謝之念，及時聞法，可稱為至高吉祥。
《釋達，尼巴達（經集）》

有一次，作者經過加油站前，看到一位站內從業員，將客人的車子注滿油，客人按了一下喇叭便呼嘯而去，而那位從業員卻摘下帽子，深深地行禮鞠躬良久。但客人並未發現從業員在後如此慎重的行禮，以及感謝之詞：「謝謝光顧，歡迎再來。」

另有一次，在回家途中，在前面十公尺的地方停下一部車，駕駛座上是一位年約四十歲左右的女性，旁座是一名國中女學生。他們交談著：

「謝謝老師送我一程。」

「那裡，今天也辛苦你了。」

原來他們是一對師生，女學生輕輕地彎腰鞠躬，並未離去，一直到老師的座車看不見去向才又再次鞠躬回屋。

無論是加油站的從業員，還是這位女學生，他們向著對方的背影鞠躬，實在不是輕易可做到的事，一般人大都心想：「反正也沒有人看見」就轉身離去。而那些駐足虔敬鞠躬的人，應是由衷感謝的心念所致。否則即使有人告訴他「要如此」，也不是可切實做到的。

而他們這二位的虔敬態度，對我而言是十分富有魅力，吸引我停下腳步，心中充滿陣陣暖意。

我們在評價一個人的時候，大都習慣著眼於此人正面的服裝與態度。雖然這也是一個方法，但此人真正的面目卻在其背影中表露無遺。我們常見到一位看起來勁力十足、堂而皇之的人物，但其背影卻是無精打采，步伐沈重，乏善可陳。無論此人外表如何虛張聲勢，但其黯淡的心態卻自然流露在其背影中。

有人可能會說：「我追求的生活是平凡、平安，瞭不瞭解自己的能力，那是無關緊要的。」不錯，在安逸的環境中，自然會喪失敏銳的警覺性，但須知在人生的歷程中，任何難題都可能會遇到，而且需要親自去處理，這時是否清楚的認識自己，其結果將會有很大的差別。

在此益發人心不古的世態中，我們更應修持內心，成為一個令人尊敬的人。

49 施捨不求回報

為善者，今悅、後悅，二相喜悅。如此步向有幸的行路，心底更加喜悅。
《法句經》一八

釋迦的教團是互相布施而成立的。出家人為在家人作心施（精神上的布施），在家人向出家人作物施（物質上的布施）。在東南亞的佛教國度，不分古今，出家的比丘清晨即離僧院，上街托缽，受信徒食物供給的物施，以此充飢。出家人除了三衣一缽外，無任何私有物，只專注在為信徒做生活上扶助的心施工作。

提到布施，令人聯想到是向僧侶答謝。而本來是由梵語「達拉（施）」，而產生檀那（施捨），這句話是指：為他人奉獻、親切對待，而討人喜悅的行為。

在原始佛教經典中，關於釋迦前世故事《謝達加》有一段記載：有一位即將餓死的老人至兔、猿、犬等居住地方乞食。

所有的動物都取出貯存的食物給老人，只有兔子無任何食物可給，於是兔子想捨己身餵食老人，便投入燃燒的火中。正值此時，老人變成帝釋天的法相，救出兔子，並將牠迎至月宮居住。這便是相傳至今，月亮中有兔子居住的原故。

在另外一處，也有如下故事：

一位名叫大寶的國王，生有三位王子。一日三位王子同往森林探遊，卻看到一頭母虎帶著二頭乳虎盤旋在那裡，母虎因極端飢餓而瘦弱不堪，也無奶水哺育幼虎，在無法可想的情形下，母虎欲食一幼虎來保全另一幼虎。

三王子不禁感到萬分憐憫，問二位長兄：「老虎是吃什麼維生？」兄長答：「現殺的血肉。」三王子便與哥哥們告別，將自己投身母虎面前，結果母虎食其肉身而保全性命。

二位兄長回宮將此事稟告雙親，其父母悲傷不已。但據說，已往生的三王子從天界下來，安慰父母親不必太過悲傷。

經典上記載「當時的國王為釋迦的父親釋德達拉，母親為摩耶，第一位王子彌勒、第二位王子是文珠、第三位王子是釋迦。」

一般而言，施捨是給予他人物質上的東西，或精神上的教育，照顧有加。這自然也很重要，但捨棄的意思不限於此，按照釋迦所說的，施捨並非僅將自己擁有的事物給予未擁有的人的相對慈善行為，而是無條件的親切與慈愛心態。

50 一發即中，無二矢也

一晝光陰雖短，也不可虛度。捨一夜者，生命即減短也。《長老偈》

「一發即中，無二矢也」這句話，是名叫希里曼達的釋迦弟子所留下的名言。

我們往往在做任何事時，都認為下次還有機會再做，故現在不必太過認真，勿須全力以赴，草草交差即可。

例如入學考試，心想若不能考取第一志願，還有第二、第三志願，故而應考態度散漫，一開始即持此種態度，成績必然不佳，即使通過考試，也只能選擇次等的學校，何況極可能因而名落孫山。反之，我們若以「機會不再」來提醒自己，全力以赴，必有好的成績，即使遭到挫敗，也可無愧於心。

日本的吉田兼好先生在《徒然草》中說到：「不要有第二箭，避免期許下一矢，而忽略了初矢。」

故一開始便全心投入在期望的目標中，所謂「精神專注、無往不利」，再困難的障礙，亦可克服。

釋迦有一次在祇園精舍對弟子說法，其中一名叫阿那律的弟子禁不住在打瞌睡。釋迦看到，便問：「你為何出家修行？」

他回答：「為解脫生老病死的苦惱而出家修行。」

釋迦又問：「那麼為何在我說法時打瞌睡？」

阿那律十分惶愧，發誓：「今後就算身溶骨蝕，也絕不在師父面前打瞌睡。」後來因其實踐誓言，在釋迦前雙目強撐不閉，而致失明。

雖然釋迦勸其閉目休息，但他心存一旦立誓，絕不自破的決心。釋迦曾說：「阿那律，你休息吧！閉目可養神，有了健康的身體，才能繼續修行。」

據說，阿那律雖然失去肉眼的視力，卻開了寶貴的心眼。並隨時隨地以其心眼洞察、透視事物，對自己應做的工作，也全力以赴，圓滿達成。

我們在工作時，應完成一個段落後，再思下一步驟。若是忽略現在，分神期望下次機會的人，其工作態度將是敷衍草率，只是勉強表面交差，終究一事無成。

在工作上、生活上保持警醒、緊張的狀態，雖然是件辛苦的事，但我們須知對自己份內的工作，應該努力以赴，有始有終。

51 忍耐分離之苦

因病棲身，紅顏即趨衰退，終至消滅。肉身積藏污穢，亦終必滅亡。有生命者其誰終歸不死？

《法句經》一四八

白髮人送黑髮人，死者的雙親承受無可名狀的切膚剖心之痛。一對夫婦，其三歲大的幼子，僅一天病痛即遽然而去，父母親無法接受這突來的惡耗，一時之間，精神、意志備受打擊，整日消沈無法工作，悲嘆流淚度日。

不論古今中外，親情是最偉大的人間至情。遠古時代，有一位住在印度，薩拉國首都沙瓦地的母親，名叫吉沙・葛達米。現在我們來看她的故事。

葛達米的獨子，在學步時，就生病死亡。母親在悲傷之餘，欲使其子復生，故抱著幼兒的屍體，去尋找起死回生之藥。她在市鎮上遍處求問。但沒有人知道這種藥方。正當葛達米茫然徬徨之際，有位賢者得知此事，便告訴她：「我知道誰有辦法。」葛達米高興得雀躍起來：「他是誰？他是誰？」賢者說：「在南方祇園精舍的僧院中，有一位名叫釋迦的人，你去找他吧！」

葛達米立即去見釋迦，告之實情，懇求釋迦救其子一命。釋迦對她說：

「使你孩子起死回生的藥是白芥子，但是，你須到別人家去討取，且務須到從未有過死人的家庭尋取，這樣才能奏效。你將找到的白芥子含在幼兒口中，便可使其復活。」

葛達米走遍市鎮，卻找不到從未死過人的家庭，更不必談白芥子。她疲憊而失望地回到釋迦處：

「我都照你的話去做了，但走遍各地均無法尋獲。」

這時，釋迦教誨道：「是的，有生命者必有一死，在這世上，無人能違反這個道理。」

葛達米終於了悟自己的愚癡，並為供養孩子的往生而皈依佛教。

《菜根譚》說：「風吹竹搖動，風過樹靜止。」就是說，人在研究鑽營中，期待新的領悟；但此時若周圍發生變化，必會分散注意力；這就像風吹過竹林，定會發出響聲的道理是一樣的。

若任憑周圍發生重大變化，仍無動於衷，這實在是不可能的事。若真有這種情形，那他已不能稱為人了。

52 探究施愛之福

愁由愛生，不安亦由愛而生，超越愛慾的人無愁，更無可懼。

《法句經》二一二

釋迦的弟子阿難達，長得眉清目秀，十分得女性喜愛，因常被女性多方挑逗而苦惱不堪。釋迦對這種情況看在眼裡，再經阿難達之告白，便說道：

「最好的方法是不見到任何女性。」

但阿難達道：「萬一遇見，如何是好？」

師父說：「還是避之為宜。」

「正面碰上了又怎麼辦呢？」

師父答：「以不執著為宜。」

對血氣方剛的年輕人而言，杜絕性愛幾乎是辦不到的。但如不知節制，盡情縱慾，對彼此的生命，均有瓦解的危險。

自古以來，在一封閉的社會制度或習俗下，極少談及愛或性。尤其是關於性，即使心中愛戀，表面上也是禁忌的秘密，更不可輕易說出口。故無人認真討論過此事，最多是編入性教育範圍，將重點放在生理結構、性病等的防止，或一些技術方面的工作。

但是，放眼街頭巷尾，到處氾濫著性刺激，電影、電視、雜誌上，眼花撩亂的以興趣本位大談性而不慚。結果招致青少年走入歧途，助長青少年犯罪。

在色情充斥下，精神上的兩心溝通被擱置一旁，許多人耽溺於自以為是的歡樂中，誤以為這就是人生一切的樂趣所在。

當釋迦在世的那個時代，有一位住在歌薩比首都的烏代拉王，就是這樣的人物。

烏代拉王早已娶了正配王妃沙拉巴比，但是卻一見鍾情地愛上鄰近富翁的千金——絕代美女瑪干黛耶。雖然正室王妃是個性柔順，篤信佛教的姣好女子，國王仍堅持納娶瑪干黛耶為側室。興建宮殿，金屋藏嬌，集三千寵愛於一身。

但瑪干黛耶卻自持貌美得寵，設下毒計，欲謀害正室王妃，由自己繼任正妃。於是瑪干黛耶向國王告密，誣指沙拉巴比背夫不貞。國王信以為真，怒火中燒，逮捕沙拉巴比，以百矢射殺。

但所有射出的箭矢飛至王妃身邊而轉向，飛向國王座前落地。國王見此情景，大為恐懼，便向釋迦請教原因。

後來才知這是瑪干黛耶設下的奸計，國王十分後悔自己愛慾迷心，聽信奸言，便問釋迦：人為何如此沈溺愛慾中，又如何掙脫其束縛。

釋迦回答道：

「那是因為無論男女，為色香所迷，仿若盲目，看不見事實的真相。因此，也不能覺悟到女性也是由七孔排泄污穢，而將其唾液、鼻涕、膿血之軀如蜜一般地珍視愛戀。但尋求真理的人，不會陶醉在這些表面悅樂的感覺中，可以分辨愛慾與愛情的不同、樂與喜的不同。」

據說，烏代拉王聞此言後，如夢初醒，由衷感謝師父，拜謝而去。

一位朋友也有同樣的感受，他說道：「的確在這世上，只要有錢、有時間，可隨心所欲，愛做什麼就做什麼，日子過得十分有趣。但是，一旦這些物慾刺激消失，心中萬般空虛，不知所以。」

雖可隨心所欲，但因缺乏彼此之間苦樂與共的愛情而空虛。在得不到愛情的滿足下，只能以情慾權充，麻醉自己。

美國精神分析學者，愛力克•伯龍說：「現代人只知被愛，而不知愛人。」但今日的情況可能更糟，連被愛也茫然不知。

沒有愛心的人生是空虛無意義的，我們應打開這樣的僵局，步向光明的人生。為此我們應努力與人作心靈上的溝通，重視對方的友情，建立患難與共的感情，攜手在人生的大道上。

以《星球王子》一書而著名的聖戴克•謝貝利，在他另一本著作《地上的人》中述說：「真正的愛，不是在雙方凝目注視之中，而是雙方朝同一方向注視。」

可知尋覓到與自己有共同目標，並肩努力扶持的對象，再加之愛情的滋潤，才能奔向幸福的彩虹。

人往往會隨著年齡的增長，其意見或思考的方法就會隨之改變。

德國哲學家尼采說：「不能脫皮的蛇，遲早會滅之。拒絕意見脫皮的精神，則已不能成為精神。」不要老是固執於一種意見或想法，培養通權達變、柔軟對應現實的精神，是非常重要的。

人應自己懸念，知量而食，少受病苦，延緩衰老，可保長壽。《雜阿含經》四二

53 心中的節制

皈依釋迦教義的克薩拉國王巴沙拉地，有一次帶著侍者少年烏達拉拜望釋迦。國王是位老饕，飲食過量，體型癡肥，氣喘噓噓，費九牛二虎之力才到達釋迦處所。釋迦見之，便說了本則卷首的言語。

國王聽了，便命令身邊的侍者烏達拉說：「從此以後，每當我用膳時，你就說這句話，我每日賞你一百錢。」

烏達拉遵命而為，每當國王進食時便說此言，而國王也能從善如流，節制食慾，致使原本肥胖的身體逐漸消瘦，身體也較從前健康，據說連容貌也變端正了。

現在，每逢過年，連綿不斷的尾牙或新春酒會可說是例行公事，大家你來我往，酒酣耳熱，吃喝玩樂，不亦樂乎。

若是平日不常來往的舊識乘機聚在一起，天南地北談談彼此見聞，那倒是件樂事。即使無山珍海味，美酒佳餚，只是主人親手調理的家常菜，也是吃得津津有

味，盡情談笑，自有其充實的意義。

但那些身兼數職，或交遊廣闊的人士，就無法享到這份清福，只落得天天趕場聚餐應酬的地步。

這對真正喜愛社交的人還猶可說，對不甚喜愛交際，卻疲於奔命的人而言，必然有諸多慨嘆：本來該做的工作，無法去做，面對同樣的酒菜、同樣的一群人物、老掉牙乏味的話題，簡直是酷虐肉體，浪費時間與金錢，真是何苦來哉。

世界各地，成萬上億的貧民，在生死邊緣捱過一日又一日。而世界的另一面，卻是朱門酒肉臭，成堆的五香六味，灌酒強飲應酬作樂。這難道就是所謂的人生，其意義何在？

這些場面不只是尾牙、新春酒會才有，同樣的在婚宴或壽宴上，亦充斥著吃喝玩樂，以及狂歡達旦的人們，如失去理智般地大吃大喝，到最後鬧得腹痛、宿醉、痛風各種病襲，無一是好的下場。

有句古老的格言「腹只八分飽」。暴飲暴食對健康有礙已是眾所皆知。一位年壽已滿百歲的人瑞道出長壽的秘訣：「吃得少沒關係，但須仔細咀嚼。」

54 沈默與雄辯同價

比丘們在聚會時，有二件該做的事，第一是正當的言論，第二是沈默的尊貴。《釋迦自說經》

在原始佛教經典中，記載釋迦常訓戒弟子：「該說話的時候，侃侃而談；不該說話時，即使有千言萬語，亦應保持沈默。」

當釋迦在印度各地遊行時，遇見一些嫉妒釋迦好風評的人，平日背後毀謗釋迦，現在當面辱罵，而釋迦卻保持沈默，一語不發。

待那些人罵累止口時，釋迦才緩緩開口：

「朋友，假如有人送禮給我，我無法接收，那麼禮物應還給誰呢？」

罵人者很勉強的簡答道：

「當然還給送禮者。」

釋迦再問：

「不錯。現在你辱罵了我，我不受此禮，那麼應還給誰？」

那男子無言以對，結果據說他自知理虧，向釋迦賠罪，並發誓從此不再口出惡言。

一個人太過執著於自我意識，就是慢心，若自以為優於別人就是「增上慢」，如自以為劣於別人，就是「卑下慢」。

以上均是不能正確判斷的心態。慢心者須多控制自我意識的執著，此外我們對別人所做所為，雖不能一味曲從，但也應以寬容的態度，保持沈默，轉而專注於自己應做的工作上。

釋迦教誨道：被人辱罵，當然令人氣憤，很想對頂回去。可是，此刻更是努力「忍辱」的時候。

但是，當你一心忍耐，保持沈默時，可能反而引起對方的誤解：

「為何不說話，一定是在輕視我。」

因而更加被激怒，甚至毫無道理的欲訴諸武力。對於這種情形，釋迦解說道：

「在惡意的人群中，不懷惡意；在手持刀杖的人當中，順良以對；在重執著的人群中，毫無執著，此人稱之為聖人。」（《經集》三•九）。

他又提示，只要以忍為冑甲，「毀謗七日而消失」（《律大品》一•二四）。

55 洗淨污心

洗足的水不淨，故不可飲。《法句譬喻經》

這句話看似以輕描淡寫的方式道出愚蠢的行為，但卻是釋迦根據自己痛苦經驗的教誨。

前面已提過，釋迦在出家以前曾生一子，名為羅睺羅。羅睺羅在十二、三歲時，也至父親處拜在門下修行。但是，他常愛說謊騙人，有一次來了一位訪客。問他：「師父在那裡？」

羅睺羅泰然自若地瞞騙：「可能在蓋克答高地。」

其實釋迦那時正在竹林精舍中。訪客得知實情後，不禁怒氣上揚。

釋迦便來到羅睺羅修行的地方訓戒他。羅睺羅一見父親，即知謊言拆穿，低頭默默地迎接父親，並取水入桶為父親洗足。

釋迦問：「羅睺羅，你會不會喝洗過我腳的水？」

羅睺羅回說：「水已髒了，不能再用。」

便將水桶內的水倒去。

釋迦又拿起空桶問：「羅睺羅，你會用此容器裝食物嗎？」

當拉呼拉答「不會」時，釋迦將桶丟在地上，桶便摔破了。

釋迦再問：「這桶破了，這麼辦？」

羅睺羅答：「沒有關係，反正只是洗腳的桶，也沒有別的用處了。」

釋迦這時便訓戒道：「是的，誰都不會在意一個骯髒的容器。人也是一樣，一個毫不知愧說謊的人，也將與此桶一般被人捨棄。」

羅睺羅聽了，十分慚愧，承認自己的過錯。據說他曾向師父立誓，以後絕不再說謊。

另外，釋迦也以動物作比喻，教導同樣的訓示：

「一頭好象，即使拔蓮藕，也將洗淨而食，其他的象雖模仿牠做，但不知洗淨，混著泥巴吃下，結果生病而亡。」（《雜阿含經》三九）。

只要有心要做，再加上耐心，則天下沒有不可能完成的事。有弱點就要盡力加以克服。克服弱點的行動，最好從今天就開始。

56 認輸有時是必要的

即使穩若磐石，也有時在風中搖幌。但有心人，不論褒貶，均無動於衷。《法句經》八一

無論在何種苦境，被人侮辱、被人踢打、被責難，只要心想這仍勝於滅亡之苦，即可得救。再進一步，可思及先賢聖人一樣走過這條道路，同為過來人，就可聊以安慰。遇到困境苦難，應覺得這是上蒼賦與的試煉，也是恩寵，而銘感五內。

捱打原是痛苦難堪的，但若換一個角度，換一個觀點就可接納，因為捱打可使自己得到更多磨練的一種手段，使自己堅強、成長，以致承擔大任，所向無敵。

釋迦亦曾因口碑好而遭人妒嫉與中傷。但釋迦自省無愧於心。任何非難僅一笑置之，順耳而過。有一位弟子對釋迦的反應十分不解，便問道：

「師父，你為何無動於衷呢?」

釋迦回答：

「我覺得對方像在向天吐唾沫，不但噴到他人身上，他自己也身受其害。」

故此，當遇見有人背地誹謗，或挑釁打架時，勿須逞強與之敵對，或非贏不

可。與這般見識的人，即使認輸又有何妨？

在田徑賽的跳躍項目中，退兩步再向前起跳，比原地跳成績更好，門若推不開，不妨拉一下再開。柔道與空手道也是利用這種法則，將對手的力量引向自己，再乘勢打敗對方的一種競技。所以在這種競賽中，如用力過猛，反而予對方有隙可擊，有時奮勇發威反而是自取滅亡的原因。

日本電視台的前董事長正力松太郎，曾拜劍道高手中山博道學劍。但他在比劍時，無論怎樣努力也打不到對方的「面」，因而感到十分困惑。

有一次他問師父：「老師，當我想打對方『面』時，自己的『胴』難免因手高舉而騰空，我如何才能不被對方打中『胴』，而擊中對方的面呢？」

老師回答：

「你不妨以——對方打我胴，我就打你面的氣勢——與之對勢即可。」

正力獲授此訣竅後，劍道大有進步，感謝老師說：「自從得老師教導後，進步良多。」

老師說：「這方法我是公開教授的，只是你能體會個中妙用。如此而已。」

有四種朋友才是真心知交的朋友：給予堅強有力幫助者、甘苦與共者、恆常不變者、常贈警語勸戒者、有同情憐憫之心者。
《六方禮經》

57 朋友貴在真誠

俗話說：「以類呼友」，或「近朱者赤，近墨者黑」可見什麼樣的人交什麼樣的朋友。正派人的朋友多正人君子，不正派的人也是臭味相投的人聚集一起。這就是物以類聚的自然現象。

被稱為釋迦二大弟子的舍利弗與目連，是出生在靠近拉謝加哈村的兩小無猜。二人也幾乎是同時期追隨修行者謝耶出家。

後來二人為求更精進教義，在求道途中遇到釋迦弟子阿撒吉，因而有緣成為釋迦的弟子。從此二人互相切磋、砥礪，悟性大開。

舍利弗成為公認最佳的智多星，目連也因得卓越的直觀力而成為最富神通的人。二人終身友情逾恆，侍奉在釋迦身邊。

關於此二人的友情，有一段故事如下：

有一次，國王下令二位畫家，在同一間房間的兩面牆上畫出各自最出色的畫。

其中一位畫家花了半年的時間，精心描繪；而另一位則不動一筆，只凝神注視牆壁而已。

半年後，國王聽說繪畫已完成，便親臨賞畫。

國王嘖嘖讚佩天下有如此美畫，然後轉身想看另一位畫家的畫，卻只見那面牆上光滑如鏡，空無一物，反映著對牆的美畫，發出神秘的光輝。

「這真是了不起的畫！」當國王發出讚嘆聲時，這位磨光牆壁的畫家卻說：「這不是我畫的，只是對面牆壁的畫反映的影子而已，若這幅畫好，也是因為對面牆壁上的畫好所致。」國王聽了，益加欽佩。

花了半年時間繪畫的畫家就是目連，在這當中不停磨光牆壁的是舍利弗。

我們一生中會有許多朋友，但其中可否有對自己有益的真正朋友，不無疑問。

自古有言：「順境造友，逆境試友。」有多少人能雪中送炭？勉勵在困境中友人？以利害或損益結合的朋友，免不了「床頭金盡時，即是緣份消失日」，可見這樣的朋友，來得易去得也快。

這樣的朋友再多也不值得誇耀，也無益於你的身心修養與清淨。

58 利他心

雖有利他心，但也不可忽怠自己，覺悟出自己的本份，專心自己的任務。

《法句經》一六六

自釋迦在世的時代起，人們心中就常生疑問，覺得釋迦的教義，只是勸人領悟佛道，對自己本身雖好，但對他人卻沒有什麼益處。

當釋迦住在沙瓦地的「給孤獨」園時，有一位名叫珊加拉法的婆羅門來訪，並問釋迦：「我是婆羅門者，我自己獻祭供物，也讓別人獻祭供物，這是為他人設想的習俗。而師父的弟子剃髮出家修行自己，對他人是沒有什麼好處的。」

釋迦答道：

「那麼，我想請教您，如有一正心、誠意人士，經由自我修行脫離苦海，達到自由心的境地，他不已藏，也勸他人修行脫離苦海，而那個人修成後，又帶領數百、數千、甚至數萬人修行悟道。難道這人只是自己一人而出家修行嗎？」

婆羅門思之有理，回答：「不！當然不是，結果等於是為眾多人出家修行。」

中國的《大學》中說道：「修身、齊家、治國、平天下。」欲治理天下，必須先修己身，繼之維持家中的平和，再談治國，最後始能治理天下，這是為人處世的順序。

釋迦的想法亦同，為了周圍人們的益處，必須自己率先努力，成為眾人的楷模，自度度人。然而，世上常有一些大言不慚的人，他們說：

「我是犧牲自己，服務社會。」

說這種話的人，又稱為甜甜圈現象。即此種人與其最直接、最親近人之間的人德、人望、能力評價為零，一片空白，但與其遠離的人之間，其人望卻如甜甜圈一般的甜美。

這類人經常在作秀，成為媒體偶像的政客與演藝人員中最多。

無論他們說得多麼天花亂墜，但在沒有實際行動下，任何話語都是欺人的謊言，不值一文。

自古有言：「語者不行，行者不語。」就是這個道理。

無論在修行或工作上埋頭苦幹的人，均不多言自己的作為。故那些喋喋不休的人，反而證明自己未曾付諸行動，所有的言語無疑是一種矯飾的行為。

59 事實與真實的差異

做惡，即污染自己；摒惡不為，即潔淨自己。污與清均操之在我，任何人都不能代為潔淨他人。
《法句經》一六五

當釋迦在世的時代，有一位犯錯的青年。

此青年名叫安克利瑪拉，早先拜婆羅門教徒為師。一日，其師母趁師父外出時，百般誘惑安克利瑪拉，並延至臥房。

安克利瑪拉及時覺醒拒絕，因而使得師母惱羞成怒，心生惡計，待丈夫回來，先下手為強，聲淚俱下地誣告其弟子誘姦。

師父氣憤難平，不分皂白欲逐弟子出師門，但又先下令，命安克利瑪拉到街上殺一百人做為懲罰。

此青年雖蒙不白之冤，內心痛苦困惑至極，但又不敢違反師命，便心一橫，到街上見人就殺，但殺到第一百個人時，正是遇上釋迦。當青年揮刀之際，卻為釋迦威嚴所鎮懾，不能動彈。最後為釋迦所感化，誠心懺悔，皈依釋迦為弟子。

但是，街坊鄰居卻不因此而輕饒他。

每當他外出，均遭人惡罵交責，使他坐立難安，痛苦萬狀。

於是他哭腫了雙眼，向釋迦訴說：

「我不知該如何活下去。」

如此好幾日下來，釋迦便勸告說：

「安克利瑪拉，你務須忍耐，這也是你在承受自己過去的罪報，你不可逃避，靜靜忍耐渡過吧！」

乍看，釋迦此言嚴酷，但一般世人不也視青年受苦是理所當然。仔細思量，青年蒙受不白之冤，其師又令其殺人犯罪，他只不過是順從奸言，付之行動的人，真正做惡的元凶應是其師父與師母。可是青年所作所為亦是不可抹煞的事實。

故在此，我們有必要區別事實與真實的差異。事實是青年安克利瑪拉的殺人行為，此點十分清楚，任何人均無法否定。但真實的情況卻是另有原因，非表面上所見到的事實。

世人也往往因不瞭解事實與真實的差異，忽略了肉眼看不見的真實，只對表象的事實加以糾彈。

比如，在戰爭中，許多青年被徵召入伍，在戰場以國家的名義分成敵我雙方，身不由己地參與殺人行列，但我們能否責備這些青年的殺人罪行？

另外，近來常見的公害也是一斑。

若不找出公害的元凶，對症下藥，公害決無斷絕的可能性。其實，公害可說是人們從昔至今在不自覺的情況下所釀成的共業。而在世上的每一個人均是同在地球上的命運共同體，無論是善、是惡，均得一同分享與負擔。

我們亦不可將自己應負的行為責任推委於命運本身，就如釋迦告訴安克利瑪拉一般，在身處惡運時，應靜靜忍耐努力，待命運好轉，切莫橫生枝節。無論命運如何，只有自己去渡過，去改變它，任何人均無法假手代之。故一個人不能逃避自己的命運，須泰然處之，勇於承擔，做一個堂堂正正的人。

像安克利瑪拉的事件，他本身也並非全無責任，若他堅守信念，即使是師父下的命令，也應斷然拒絕殺人的行為。就因他信念不堅，一輩子都得為此懺悔贖罪，經多方努力才得以洗淨過錯，祈求得到寬恕。如此做亦可使被害人的宿怨解脫，得道成佛。

60 切斷惡的根源

與其割斷單樹，不如砍伐迷林，因為恐懼來自此林，只要切斷迷林與欲的下生，即無迷亦無惑矣。
《法句經》二八三

據說第一個成為佛教女弟子的女性，是養育釋迦的瑪哈帕謝地•哥達尼。

釋迦因拗不過她堅定的志願而答應其入教，並另組比丘尼教團，設定較之比丘更嚴格的戒律。

一般女性的意志看似堅定，但下決心出家卻比男性更加困難。

記載女性修行實錄的經典《德利•加達》（長老尼偈）中有如下故事。

有一位名為釋拔的比丘尼，其人十分貌美，前往深山林中修行。但卻有一惡魔潛入引誘她。

釋拔毅然拒斥惡魔：

「不可戀慕佛陀的女兒，你就是那住在無大道亦無小徑之地的人，你是欲將皎潔月亮當成玩具，欲飛越神佛山嶺的惡者。」

並再告之，其自身已立誓出家，已將世俗的快樂視為灼熱煤炭，或當成毒藥一般捨棄，俗樂不過有如令人作嘔的肉塊。

說完此言，她即挖出自己的雙目，拋向惡魔。惡魔驚嚇地站立不住，頹然跪地求饒。釋拔轉身來至釋迦面前，說明一切。釋迦得知詳情後，便恢復其雙目，使之更加炯炯有神。

不分古今，比丘與比丘尼均須以必死之心的覺悟修行。而此決心，在我們俗世的工作崗位上也是極其必要的。

比如一般人大都不願在眾人面前演說或表演。

但是，有些人卻毫不膽怯，彷彿站在眾人面前是件極自然的事。我本身是屬生性膽怯，一遇見面對眾人的場面，便緊張得不知所措，不是無法充分表達自己的想法，就是出盡洋相，羞悔莫及。而且這種窘態週而復始，連續不斷出現。

當我看到音樂家室井摩耶子的自傳『鋼琴家之路』後，始知別人也與我有同樣的經驗，而稍感寬心。

在他自傳中有這樣一段話：

——做一名鋼琴家，明知是非得彈琴不可，但即使在演奏前仍厭惡上台那一刻的來臨。可是若有人跟我說：

「既然如此，就回家算了。」

我必定會怒不可抑，音樂是我的天職，我豈可拋下台下的聽眾，豈可放棄與人共享美好音樂的奇妙時刻，我已獻身於音樂，雖然我常自嘲為可憐的音樂囚犯或音樂狂熱者。

於是我仍走上台前，演奏莫扎特、舒曼的樂曲，並不斷地答應演奏的邀約。

的確，在後台等待演出那一刻的心境十分難熬，彷彿殂上肉，也似入十八層地獄一般。眼見上台時間一刻一刻逼近，無法逃脫，於是只有心一橫，告訴自己「不管它了」，硬著頭皮上台，照演奏不誤。宮本武藏曾做詩，描繪以真劍實槍與劍敵對峙的心情：

「揮刀之下是真地獄，捨身忘己始能得救。」

我們也可領會到，須經常以此認真心情待人處世，工作才有成就的可能。

由此可知，以「不論如何……」的氣魄處事，可一掃原本的躊躇與迷惘，也是打開困窘僵局的敲門磚。

61 只見他人田地美

心生疑惑而亂，多慾之人見物物皆美，情慾有增無減，束縛益加繫緊。《法句經》三四九

某電視台向小學生做抽樣調查，其中一千六百位小朋友接受問卷，調查結果顯示男生長大後最想做的是「董事長」，而女生是「幼稚園老師」。

至於「現在最想得到的是什麼」，不分男女生均列「金錢」為首位。由此可知孩童年紀雖小，卻已羨慕金錢砌成的物質享受，以及不須努力工作就可享的富裕自在生活。這種風氣並非現代的產物，從下面的故事中，即知釋迦在世時代也有同樣想法的人。

有一位國王十分勤政，罕見其雙手空閒。有一天，他微服探訪民間，在路上遇見一修補靴鞋的老人。國王便問他說：

「在這世上，誰是最輕鬆的人？」

老人答道：「這還用問嗎？當然是國王，他有眾多侍臣為他工作，百姓也獻出所有給他，沒有人比他更輕鬆，日子更好過。」

國王聽了，不予點明，給老人服下迷藥，帶至宮城，讓老人客串國王，操職國王的工作。結果老人因國王職責繁重，日漸削瘦。國王這時才給老人服下解藥，使其恢復原狀。據說老人告白道：

「我現在才知當國王的勞苦，我心服口服了。」

俗語說：「只見鄰舍田地美。」我們應有所領悟，不能因見別人擁有的富足財產或高尚職位，就心生羨慕，甚至想佔為己有，卻不知任何事均有其因果與甘苦在於其中。

當釋迦在世時代，有這樣的一個故事。

有一愚人，看到別人的三層樓房，高高聳立，美侖美奐，十分羨慕，自己也想擁有一座，於是找工匠來建造。工匠便先打地基，再往上蓋屋。當蓋到三樓時，愚人突然對工匠大聲喊叫道：「我才不要什麼地基、一樓、二樓，我只要高高的第三層樓房。」（《雜寶藏經》）。

像這愚人的性急，只看外表，不視內涵，不明事物個中深奧，不知事物過程艱難的人，多如過江之鯽。因此，愈是浮躁的人，愈不易順利完成自己份內的工作。

62 生命的承擔

投生於此世不易，頃刻肉身即亡，現在擁有的生命誠屬可貴。《法句經》一八二

一個人能出生在這個世界的機率為數百萬分之一。首先經由雙親的精子與卵子結合、懷胎、陣痛、誕生等條件齊備下始能出生來到世間。

然後須經百般細心的保護與養育，才能長大成人，在此期間，萬一出了些微差錯，或遭逢危險，就身亡魂消。事實上，一個人若在身心兩方面無特別的缺陷，又沒有病痛的纏繞，就已是十分難能可貴了。

但是，還是有人被小針刺到，便大聲喊叫哭鬧。也有些女性因顏面遭火焚略為傷及，而悲觀失望，欲自殺結束生命。

釋迦曾用「盲龜浮木」來形容這些人的生命。他向弟子們說道：

「比丘們，假如這裡有人將一片木軛投入海中，軛上有一個孔洞。而海中有一隻失明的海龜，據說此龜每一百年才浮出海面探首一次。這隻海龜有沒有機會將頭伸入這個孔洞中呢？」

「師父，就算有這樣的機會，也不知要等到何年何月何日！」

「你們說得對！百年才浮出海面的龜，將頭伸入孔洞極為稀奇，另有一件事更罕見，那就是為惡造孽者，已墜入谷底深淵後，可有機會再回到人世間。」

釋迦在此是為闡明生命的可貴。一個人一旦身心受傷，想要回復原狀，比百年浮出海面的海龜探首入孔更加困難。人在未受傷前，不能體會出健康的可貴，以為自然健康地活著，是一件理所當然的事。

天有不測風雲，人有旦夕禍福，誰也無法保證自己明天仍然存活。釋迦也在《四十二章經》中說過：「人生只在一呼一吸之間。」

雖然存活下去是奇妙可喜的，但死亡卻是易如反掌。只要有人願意去死，死亡一觸即成，無論何時何地都可死亡。

但是生命一旦結束，便一去不返，無法復生。所以，就算覺得人生是空虛無趣的，但自己的生命仍是無價之寶，是任何東西均無法替代的，怎麼可以如此輕率地結束自己生命，既然如此，我們實應在有生之年，善用上蒼賦與的生命，為自己，也為社會貢獻力量，才不致辜負那些為我們生命存活付出心血的人。

63 心平氣和

意寂靜、語寂靜、身業也寂靜，這樣的人才有正智慧，脫離苦海而得安息。《法句經》九六

自古有言：「英雄氣短」，堂堂正正的一個人，若是在待人接物上氣憤填膺，勃然動怒，則十分不智。《雜寶藏經》中，記載在釋迦在世時代一名性情急躁人的故事。

某地住著一位性情非常急躁的男子。

有一天，他聽到二名男子在自家門前交談：「住在這棟屋子裡的人，心地還不錯，就是性情太急，容易動怒，真是令人扼腕。」

他在屋內一聽，十分氣憤，跳出門外襲擊，向二人拳打腳踢致傷。

據說，釋迦曾如此訓戒過弟子，他說：「像這般愚蠢的人，不會反省別人對他的指責，反而更加暴戾，錯上加錯。」

性情急躁的人，心中經常充滿按耐不住的欲求不滿之氣，又不能有效地處理內心怒氣。凡事一不順心，不論對方是誰，怒氣隨時隨地都可能爆發。這種脾氣也以

好勝任性的人居多。如果有正當生氣的理由，被充當出氣筒的人尚能有所理解。但若是毫無理由亂發脾氣，那麼他的出氣對象就苦不堪言，多災多難了。古語說：「君子不近危」，所以遇到這樣的情況，以離開現場為上策，否則無論對方說什麼，均不與其計較為宜。

那些經常介意、計較他人言行者，幾乎到了睚眥必報的地步，但是，他們自己卻是鑽牛角尖，反而是向別人暴露自己的弱點與缺憾，給人無氣度、無實力的不良印象。日本江戶時代的盤珪禪師，曾遇到有人向其請教如何糾正性急的個性。

禪師開示說：「其實性急也並非與生俱來的個性。只因自私自利，站在本位主義上專挑他人的不是。性急人的心理說穿了也不外乎是想在別人心中突顯自己的重要，希望留給別人權威性的印象罷了。」

據說這位性急的請教者聞後自我反省，努力改正前非。而生在知識如此發達今日的我們，若不拋開自私自利觀念，切實反省，是相當慚愧的。

但是，對於一般不自覺的性急者，不宜道其長短或指正他，以免火上加油激怒他。只要不去理會他，讓他自己慢慢覺醒即可。

64 堅守約束

克遵良規者，即使外敵威脅，也不致衰亡。《大般涅槃經》

在釋迦離開王舍城，作最後旅行前，瑪加達國的國王派遣大臣瓦沙加那至釋迦駐留的靈鷲山拜訪。大臣向釋迦提出有關戰爭血腥的問題：

「敝國想在近期攻打華其國，師父認為如何？」

釋迦沒有立即回答，只是詢問身邊的弟子阿難：

「最近華其國是否仍常聚集會商，他們有無完成應同心協力達成的任務？」

阿難答道：「是的，他們從不違背約定，最後總能達成任務。」

釋迦聞之便斷言道：「若果真如此，那他們決不致滅亡。」

瑪加達國的大臣聽到釋迦師生的一問一答，便不再多問，回去稟報國王。據說國王得到報告，慎思之下便打消了征服華其國的念頭。

有一普遍的認知，在政治上有什麼樣的政府，就有什麼樣的國民。若整體國民富有正義感，且具相當文化水準，則不必在國防上花費過高的經費，即使遭受侵略，也不致滅亡。至於那些動輒花費龐大經費，充斥軍備，誇示戰力的國家，既不能防範外敵的偷襲，亦無法真正鎮壓內部的暴亂，充其量只能證明其為第三流的政府與國民。

放眼今日世界，已有七十多國發生內亂。而一觸即發，危機重重的國家更是不計其數。日本也是其中一個，數年前，當時的首相捲入洛克希勒案，初審被判有罪，但當局卻無須發動政權處理政治危機，也無武裝鎮壓行動。其原因可能因為日本是一小島國，又是單一民族的結構，且整體國民水準尚可所致。當然那時日本全國也是處在緊張狀態下，所幸國家的法治基礎仍堅，國民間的資訊與溝通亦頻繁，整體生活不失制度化的結果。

但如黎巴嫩、格瑞那達、塞浦魯斯等地，因人種複雜，主張各異，加之國民本身缺乏共識與協調的基礎，很難維持統一和平的局面。

所謂良好的制度，是居住在同一地區人們維持和平相處所需的制約。假如不能遵守良好的制度，任意犯規，就將陷入無法無天的混亂局面，社會失去公信力，人人在不安中度日。這樣的國家，不待外敵侵入，其內部也將加速崩壞敗亡。

釋迦的教義一度盛行於印度，但在其入滅後，雖阿育王施行仁政，力謀國家統一，但在古傳統階級制度的障礙下，仍無法實現佛教平等主義。直到現今，印度貧富差距依舊，國情動盪不安。印度是佛教發源地，思之不禁令人倍感遺憾。

美國實業家卡內基說：「成功沒有任何秘訣，只有對工作的全力以赴。」一點一滴的努力堆積下，才能獲得成功的美果。所以，為求成功，就要萬事盡力處處用心。

完美的工作，都是許多小的注意和小的工作相集而成的，所以成大事者，都是細心的注意和努力不懈。

第四章 行•培養獨立的人格

65 寬宏大量的效用

我從無須握拳隱瞞他人。
《長部經典》一六

握拳就是手掌緊握之意，前言表示不須將秘密緊握藏在手中。

釋迦晚年曾在毘舍離郊外臥病。待復元後，弟子阿難瞻仰著師父說：

「當師父臥病時，我頓覺失去依靠，感到天地一片黑暗。但靜心一想，師父不可能未作交待而逝，才略為放心。」

釋迦聽了，便叫著他：「阿難！阿難！你對我還期盼些什麼呢？我一向都是傾囊以授，無任何隱藏。但你們一直認為我是導師，一直依賴我，那麼到了人生的終站，還是得留下遺言。只是至今我所知道的一切，平日都已教導你們了。」

現代人可真是應了英國學者亞當・史密斯在二百年前的著作《國富論》中的預言。現代的社會無法再用善意與人情味來詮釋，彼此以自利的觀點求取生存。在二次大戰前，還可見到人情道義等互相依存的感情。至少在大體上尚有犧牲小我、完成報國、服務社會的意願存在，在表面上仍維持道義的精神。

可是，現在這種精神已事過境遷，蕩然無存了。人人都在自私自利中鑽營，利他的想法棄之如敝屣。大家互相敵視，互相懷疑，就連親子、兄弟、夫妻間都不能全然信賴對方，更遑論外在的陌生人。

如此漸漸形成了一個不肯互相寬容的世界，每個人都被自己孤立起來，長久下來，甚至連自己都無法確信自己的真實性，在這樣一個四分五裂的社會中，大家幾乎均在自我的欲求下為所欲為。

在此絕望的景況裡，我們該如何活下去呢？首先應自一切迷幻中覺醒，認知到所有暫存的快樂，以物質做為交換條件的利益關係是如何的為害人心。進一步再確認人類是世界的共同生命體，追求長遠的利益才是人類原本的目標，大家不要再汲汲於自我的小利。

有些人，總是不能很虛心地聆聽別人的意見，一聽到有異議，馬上就會提出反駁。

其實這種做法，對自己反而有害處。因為，久而久之，別人就不願意再為他提供意見。

66 精進律己生命永恆

人，如鍛鐵去滓，是否成器，視其精煉否。
《四十二章經》

被譽為名刀的正宗、村正二把日本刀，實非浪得虛名。在其製作過程中，經過精進嚴律，千錘百煉後，才成為精緻無比的名刀。同樣的道理，人若不經磨練，就成不了傑出的人物。

宮本武藏在《五輪書》中說道：

「練習千次的刀法稱為鍛，練習萬次的刀法稱為鍊。」

他又說，不經這樣的苦練，不能成為獨當一面的劍手。據說第一流的歌手，對同一首歌曲，也至少練唱千次才敢上台表演。日本提琴手嚴本真理也說過：

「一日不練琴，自己知道退步；二日不練琴，樂評家可聽出差別；三日不練琴，連聽眾都為之反感。」

近年，流行所謂的生涯教育，鼓勵老年人經常保持旺盛的好奇心，重振年輕的活力，在工作或學習上全力以赴。因為有許多人在功成身退，或離職退休在家，便放棄對人生的努力而虛度餘年。

根據統計，這樣的人很快會罹患老年癡呆症。

就如同火車的鐵軌，一日不經車輪的磨擦，便會生鏽；人一日放棄努力，人生便傾向西山落日。故須不斷磨練砥礪自己，以防生鏽老化。

釋迦說過：「白髮並非表示是長者，空度歲月，只是老人一名罷了。」（《法句經》二六〇）

這可能是釋迦看到周圍許多虛度人生的老人而發出的感嘆，也以此警惕己身，不可懈怠，荒廢人生。故釋迦在臨終前，一息尚存時還是不肯鬆懈，並不忘教誨弟子：「此生此世，只是無常，不可放逸過活，只可精進向上。」（《大般涅槃經》）

交待完了才安詳地與世長辭。

一個人努力的結晶絕不會無疾而逝，這正是所謂「一粒麥籽落在地上」，種籽必在地上生根、開花、結果，留給後世眾人美善的影響。釋迦肉身雖逝，卻得到永恆的生命，教導永傳，萬世留芳。

67 為善應急不為速

為善應急，護心不為惡。不行功德者，耽溺於惡中。
《法句經》一一六

原始佛教經典《百喻經》（如同西歐流行的《伊索寓言》）流傳下許多教訓、警言與批判。寫此經的作者，以溫和的目光，注視著那些專門做傻事的人們。每一段故事都以「從前有一個愚人」，或「曾經有一人」為開端，下面即是一例：

——從前，有一個愚鈍的人，準備以香滑的牛乳款待遠來的客人，但他想：「假如現在就去擠牛乳，牛乳屆時會乾硬，而且也無保鮮的設備，還是將牛乳留在牛腹中，到請客那天再全部擠出來。」於是他把牛拴好，待一個月後請客的那天，他去擠乳，但怎樣也擠不出來了。

來客聽了他的說明，不禁好氣又好笑。

世間許多癡傻者也是同出一轍，他們意欲在掙賺了許多錢後再樂施於人。但在賺蓄財富這段期間，難料會發生什麼事，也許遭到水火災，也許被竊盜，也許會猝亡。樂施應在心中動念的那一刻，起而行之，否則與前述擠乳愚人何異？

自古有言「為善應急」。為善樂施應立即付諸行動，否則一經躊躇或遠慮便停頓下來。有人心想，我必定會去做的，不用急於一時，耽延一下也無妨，但是這樣的想法往往導致時機不再，寶藏永失的後果。

以最普通的暑假作業為例，若是心想，假期長得很，明天再寫吧！結果日復一日，假期結束，到了交作業最後期限，才急忙窮趕，作業寫得一塌糊塗，這幾乎是學生的通病。「歲月不饒人」，若只是茫然不知覺地虛度歲月，好運永遠不會從天而降。

做為一位世界的導師，必須有身為表率的能力與洞察世事的先見力，更須在實際與胸襟上樂意承擔別人無法勝任的工作，在困境中有智慧，有策略突破現況，致使別人誠服於他。其實這也正是令人真正尊敬的不二法門。

領先他人者，必定工作勤快。做起事來自然也比那些慢半拍的人要得心應手。他們心中也大都具備客觀的洞察力，無論言行或心態均留給人轉圜的餘地。因為他們是生活的親躬實踐者，自然比那些驕縱無忌，隨波逐流人的生活要富有自主力與創造性。

68 自身的調整

木匠在施工前，必先利其器。智者亦知調整自己。
《法句經》一四五

癌症至今仍被認為是不治之症，故許多擔任治癌工作的醫生，在告訴病人罹患癌病時，十分猶豫與為難。害怕此言一出，導致病人意志消沈，了無生意，反而加快結束病人的生命，據說有一位極富知名度的學者，不幸罹患癌症，他很有自信的逼誘醫生道出實情：

「我心中早有準備，一切都看淡了，你就把真實病情告訴我吧！」

醫生見到如此，便不加隱瞞，據實以報。但卻想不到那位學者當場臉色大變，悲痛地倒在地上打滾，苦苦哀求道：「天啊！救救我啊！」

相形之下，有一位年僅十七的日本少年石川正一，聽到惡耗時的態度便堅強鎮定多了。他患的是手足肌肉痲痺症，醫生宣布他生命有限，不久人世。

「——媽，這部輪椅隨伴我已有五年了吧？」

「是的，大約有五年左右。」

「下一部新輪椅可能無法隨伴我這麼久，因為它沒有耐用五年的必要。」

「快別這樣說，你要振作起來。」

他又說：「我臉上的青春痘已消失了，這樣我便能清清潔潔地死去。在我死去時，請用紅玫瑰為裝飾，我一向喜歡紅玫瑰。我死了之後，你會不會哭，母親？我想你會哭的？母親！上帝賜肌肉麻痺症來磨練我，提醒我要珍惜自己的人生，這也是我託付生命的根盤。雖然肌肉麻痺症是肉體上的重擔，卻是上帝有意磨練我而賜予的『恩惠』。上帝早已告訴我『活下去的價值』，為此我更須全力以赴，燃燒自己生命。然後才能坦然接受迫在眼前死亡的事實。」——（『就算我沒有明日』）

前面是二位即將死亡者的赤裸人生表現，一位得知罹患癌症而絕望；另一位卻鼓起勇氣，以有意義的人生態度走完生命的全程。

釋迦曾說：「就算是真實的事實，若不能給對方益處，以不說為宜。但如果是事實，又有益於對方，那即使對方聽了不悅，也應告之。」（《經集》）

只是不知道當我們得知事實真相後，會有那種反應？是否可從中有所領悟，體會出人生的深意。

69 行為重於地位與頭銜

人非生為婆羅門，亦非生為非婆羅門，而是以行為稱婆羅門或非婆羅門。
《釋達・尼巴達（經集）》

當釋迦停留在歌薩拉國的伊蔡南加拉村時，村中有二位婆羅門的親族——婆私吒與婆羅婆。這兩名青年情願拋下貴族門第，出家成為釋迦一介弟子。故遭其他婆羅門的指責，他們認為：

「婆羅門是最高尚的種族，是由創造宇宙的梵天口中所生，是梵天的繼承人，你們二人怎麼可以與身份卑賤的人混在一起，還去做其弟子。」

釋迦聽聞後，便向二青年說道：

「他們只是在自說自話罷了，若說婆羅門是生自梵天之口，那麼，他們並非從母胎而出了！其實，不論何種階級的人均有善惡之分，有人性善做好事，有人性惡做惡事。一個人只要謹慎做人，捨棄一切世上的迷惑，獲得真正智慧，這種人才可稱為是最高尚的人。」

釋迦的這種萬人平等想法，得到許多人的共鳴。所以各階級均有人進入教團成為釋迦弟子。如高弟的優婆離就是奴隸的階級。但在入教團後，任何人都拋下從前的階級，同樣被稱為是「釋子」。任何人均一律穿上黃衣，沒有私人物品，在僧院過著團體生活。

以上的這種傳統制度經印度傳至錫蘭、緬甸，再傳向東南亞一帶。現在仍有一些高級佛教團體仍恪遵這一傳統制度。

令人感到遺憾的是，釋迦這種具劃時代精神革新運動，卻在婆羅門主腦人物以印度教為壓制下受到阻攔。但近年，有一群被視為最低下的不可接觸賤民中，興起萬人平等的主張，故集體改宗，成為所謂的「新佛教徒」。

我們應有所認知，因為只有那些玩弄特權、卑視他人人格的人，才是世間最低賤的人。

人有一種很強的適應力，而這種力量的運用，卻關係著一生的命運；如果使自己適應艱苦的工作環境，那日後不管處於何種環境中，都可得心應手。但若適應了安逸的環境，則對於逸樂會無止境的追求；而這樣的工作習慣，對於人生的開創，會有很大的影響。

見人離散，便撮合之。隱惡揚善，不道他人之恥，亦莫聞他人之秘。《優婆塞戒經》

70 不可皆目而視

大概世上沒有人不想贏得他人的好感與情誼，可是往往事與願違。雖然，也有些人不在意是否惹人討厭，逕自我行我素。但任何一個稍具良知的人，都會反省自己的缺失，盼望建立良好的人際關係。

下面有十個測驗題，各位不妨自我測試一下，看看有幾題的答案是「是」。

(1)得知令人討厭的人遭逢不幸，非但不幸災樂禍，反而寄予同情。

(2)努力工作，雖未得他人肯定與誇讚，但仍不生抱怨，默默地繼續下去。

(3)遇見陌生人搭訕時，微微一笑。

(4)心情不佳時，不一定非得向人訴苦不可。

(5)會傾心靜聽那些與自己沒有利益關係人的談話。

(6)寬恕他人的弱點與缺失。

(7)當知他人鬧意見時，會努力調停，使之和好。

(8)得知他人背後的責罵時，能夠自我反省。
(9)是否由衷讚佩他人的善行，並大度的誇獎他。
(10)對現階段的自己，有相當程度的滿足感，並感謝天地萬物與眾人。
在以上十個問題中，如能答「是」超過半數以上，那便是一個心態正常的人；若答「是」不及一半，在個性上可能有些失常。
個性失常的人應多加自我反省，以免遭人厭惡，不但無法建立良好的人際關係，恐怕還會被孤立，而危機困難重重了。
一般得人好感，討人喜歡的個性，大致包含如下：
適應性強，處世有彈性之人，為人溫柔和善，待人接物不以自己為中心，處處為他人著想，任何事均往好的方面著眼，毫無悲觀念頭的樂觀之人，個性開朗無陰暗面的人，容易相信他人，為人隨和，樂於協助他人，且不妨害他人自由的人，擅長社交，活力充沛，個性開朗，奉獻自己的人……等等。
當然，這樣令人喜愛的個性，並非一朝一夕可造成。信奉宗教，一心向佛，時時瞻仰膜拜，在潛移默化中，親身受到濡染，而成就美好的人格。

71 注視永恆，莫眩於瞬間

心無不潔，袈裟加身。但心不正，業不符真理，即妄披袈裟。
《法句經》九

一個人的外表堂正，名銜、地位顯赫，但仍無法斷定是不是一位名符其實的人物。

雖然有些外表與風評均佳的知名人士，他們在眾人面前也表現得舉止得當、風度翩翩，但這往往也只是浮光掠影的虛名而已。

「為什麼這樣的人會做那樣的事！」

許多人會被虛名所矇混，待心目中偶像暴露真相，就如同感情或期待受到背叛，啞然驚愕不已，那些以虛名欺世的人固然可惡，但甘願被矇騙的世人，也未免太過天真、愚昧了！

當釋迦停留在祇園精舍時，有一天向弟子說了一個有關娶四個太太男子的故事。這名男子最疼愛他的第一位妻子，經常將她留在身邊，雖與第二位妻子也時常促膝談心，但恩愛之情無法與元配夫人比擬。他與第三位妻子感情亦佳，時常見面，互通款曲。只是十分冷落第四位妻子，絲毫不假顏色，而這第四位妻子卻任勞任怨，如同傭人般為家庭操勞著。

快樂的歲月總是飛逝而過。有一天，這名男子須離家至遙遠的異國旅行，他央求第一位妻子與其同行，但卻遭到拒絕：「雖然我們一向恩愛，但我無法長途跋涉到那麼遠的地方。」

於是他轉向第二位妻子請求，但也遭婉拒。他再向第三位妻子懇求，第三位妻子只答應道：「我送你一程，送你至城外。」

最後他不得已向第四位妻子請求同行。對方一口答應：「我樂意追隨你。」故此，他只得帶第四位妻子上路。

釋迦說完了故事，又再解釋道：

「這只是一個寓言。事實上，這名男子將往旅行的異國就是黃泉，第四位妻子代表人的靈魂。而第一位妻子代表的是人的肉體，無論生前如何密切，死後也無法帶至黃泉。第二個妻子代表的是世間的財產或世間所有的東西，同樣也無法帶至黃泉。第三位妻子所代表的是父母、妻子與親友，他們在人過世時，僅能陪送一程，也無法帶至黃泉。只有第四位妻子是人的心靈，雖人在生前百般忽略，但在黃泉路上，惟有其緊隨不捨。」

有句話說：「蓋棺論定」。一個人在世時，無論完成過怎樣的豐功偉業，對社會有過多少奉獻，但一切的成果在其死後，才能真相大白。因為當一個人肉體衰敗後，外在條件消失後，真正的價值才凸顯出來。也就是他死後所留下來的，可以代代相傳的精神與教誨。

也只有這樣的人，才稱得上是真正的偉人。

人脫離痛苦的方法只有一個。就是帶著希望去克服這個痛苦。成天思索著該怎麼逃脫痛苦深淵，就無法從痛苦中脫身而出。

德國詩人歇法說：「煩惱時就燃起希望吧！人類的最大幸福是希望。」

經常滿懷希望去面對痛苦是必須的。不論在任何場合，都要以前進、積極的態度來面對一切的痛苦與難題。

一個最困苦，最微賤，最為命運所屈辱的人，只要還抱有一絲希望，便可無所怨懼。

72 主體性的人生

得悟識的人，勝得萬有，不再敗於他物，此生此世沒有更大的勝利了。
《法句經》一七九

現在常見有些人，一遇逆境，便向後退縮，逃避現實。一旦走投無路，放棄理念，絕望自殺，以了殘生。

日本精神醫學專家，小此木啟吾慶大教授，就稱上述的這些人為「延付人」（Moratorium）。他說：

「這些人無論對任何事都抱著局外人的態度。他們極力避免涉入任何關係，即使他們本身就是當時、當場的當事人，也將『真的自己』擱在一邊，把一切真的當做假的存在；故此他們也經常預留下可轉圜立場或想法的餘地。他們將自己設定做一個沒有主張、主義的人，或者假裝做這樣的人。他們是極力避免靠攏或下注於特定的黨派與集團。也就是說他們什麼也不做，什麼也不表示。」

釋迦嫌惡做如此不肯負責的人，認為人應該有自我實踐的勇氣，做一個堂堂正正的人。任何時候均有自主性的生活方式，同時也應勸導別人如此而行。

有一次，當釋迦停留在祇園精舍時，有一些妒嫉他好名聲的其他教派修行者，合謀設下毒計，以敗壞釋迦的名聲。

他們慫恿貌美的女修行者珍加·瑪哈拉維加，擔任進行此一毒計。於是她假裝從釋迦精舍出來，在街上逢人便宣揚：

「我剛才與釋迦共處一室。」

三、四個月後，她將布片綁在腹部，喬裝身懷有孕的模樣。

至八、九個月後，她便用木製的圓板綁在腹部，再罩上醒目的紅色外衣，來到釋迦說法的座前，在眾人面前辱罵釋迦：

「你只知享樂，卻從不照顧我腹中的這塊肉。」

釋迦只淡淡地說道：

「你所言是真是假，現在只有你、我二人知道。」

不料那女子反唇相識：

「那當然只有你、我二人知道，所以我今天才會如此。」

突然間，帝釋天施法，吹起了一陣風，將那女子的衣服吹脹起來，綁在腹部的木板也鏗然落地。

一時間，眾人都指著她罵：

「真不得了！」

遂將她趕走。

釋迦生前常被許多奸毒惡計所謀害，但無論毀譽褒貶，均不能些微影響其心志，更不會因流言的打擊而頹喪自憐，他心想：

「不實的流言與責難只能維持七日。在這之後，一切可能將煙消雲散。」

別人想說什麼就讓他去說。用不著什麼事都要去計較。因為這樣做，對自己一點好處也沒有。

英國詩人凱茵說：「中傷他人的名譽以提高自己的名譽，這種人最是可憎。」

問心無愧的耐心等待，笑罵由人，終有水落石出，真相大白的一日。

無論他人怎樣的誣賴、毀謗，甚至以此威脅與逼迫，但只要自己守身自潔，心安理得地渡過人生種種困境，因為只有走在真實之道的人，才可獲得最後勝利，這樣的人才配得奔向彩虹，奔向光明大道。

73 看清事物的本質

師父之意為：枝葉脫落，只在確立心材而已。《中部經典》七二

有句話說：「初學下棋的人，總是屯車而不懂得護帥。」

在下象棋的兩方對峙中，帥若被對方將軍吃掉就輸了，而車被吃得再多也無妨。可是下棋者往往認為車太有用、太寶貴了捨不得被吃，因而顧此失彼，忽略了可定勝負的帥。

這種情形就等於是不知輕重緩急，將注意力放在無關緊要的事上。這也如同人生，往往只顧及眼前的利益，忽略了大目標與應做的工作，盡做些雞毛蒜皮的小事，將目的與手段混為一談，一事無成。

先有了目標，才有手段與方法，故倒行逆施是無法成立的。

但是，在我們周圍很多如俗話所說的「不知如何下棋」的人，該做的不做，不該做的拚命去做。

釋迦停留在祇園精舍時，他的弟子瑪侖蓋布達有一次問道：

「這世界將來永存或定時敗亡；還有這世界是有盡還是無盡；靈魂與肉體是合一的，或是分開的，師父您在死後是否不滅，請告訴我吧！」

對這樣一個問題，釋迦神態安靜地回答：

「瑪侖蓋布達啊！如果現在這裡有一名中了毒箭的男子，痛苦萬分，生命堪慮。而當他家人請大夫為其拔箭療傷時，他卻說：『不能拔，在箭拔出前，要獲知是誰射出的，那具弓箭是用什麼材料做的，是何人製造的。在這一切沒有解答前，箭不可拔出。』但是如此做，這名男子極可能在未得答案前已一命嗚呼了。同理，在人生中首要的事，並非無謂的探究世事奧理，而是解決人生的問題與苦痛，人生一切的苦，皆有源頭。所以消滅苦因、如何消滅苦因，才是我所教導的——我不說不該說的事，而只教導我應教導的事。」

一個有智慧的人，不只是單靠記憶力佳，或有推斷事物的能力。而是可確實把握現況，處事機警而富彈性，以目標為歸依，行動敏捷。

他們視人生為嚴肅的問題，故更能在人生有了問題時，發揮特長與能力，作風踏實地完成自己該做的事。

74 智慧優於知識

背文千篇，若句義不正，不如聞一言，消除罪惡。背文千言，不得正義，不如行一義而得領悟。《法句譬喻經》

近來求學的學子當中，似乎有這麼一種風氣蔓延著：學校教育便利於求得知識，故為分數而讀書，以便進入一流的學校，將來進入一流的公司，過著現代舒適的生活，按照這樣的流程，便是一個充實而有意義人生。

但囿限於此的人，在學校畢業進入社會後，便會在自私自利的心態下，無法與人建立良好的人際關係，更遑論人生事業的成功，將只落得人人避之，自陷孤立的局面。

有一個人，他自詡出身一流的大學，進而炫耀學歷，兜售知識，十分洋洋得意。他一開口就是某某名人是他同窗好友，經常套用關係，自吹自擂，聽者若面露「真了不起」的欽羨之色，便能滿足他的虛榮，否則便含慍指責對方是傻瓜白癡，一副不屑的樣子。可是，他卻不知大家都在背後嫌棄、嘲笑他的幼稚與自大。

根據《雜阿含經》中的傳說，當釋迦在世時，婆羅門有一位非常能幹的男子，名叫婆耆沙。婆耆沙在七歲時，就讀完婆羅門教的聖典，並且能言善辯，口才出眾，連成人也招架不住。待其長大成人後，更發揮其才子本色，無人能望其項背，只有讚嘆佩服的份。

此外，他另有一項奇異的能力，冥冥中可指出人死後轉界何處。

有一次，他行至祇園精舍附近，得知釋迦停留精舍內，就決定在智力上與其一較高下。於是釋迦排列出五個頭蓋骨，其中四個是已轉生至地獄、畜生、人間界、天界，另外一個是已脫苦海，識得悟性的人。

釋迦讓他指出他們的去處，據說婆耆沙只能說出前面四個，但無法說出最後一個得識悟人的去處，因此只有認輸，自嘆不如，而拜釋迦為師。

古語說：「知識得之，智慧出之。」只要努力到一定的程度，便能獲得知識，但獲得智慧卻不是那麼容易，知識豐富可使頭腦聰明靈活，卻生不出智慧。這也就是上面的故事中所講的，婆耆沙所擁有的知識永遠無法趕上釋迦的智慧。

以前英國的評論家威靈頓曾說過：「沒有宗教心的教育，不過是造就知識惡魔而已。」但不知我們目前的現代教育又是怎樣的景況？

75 埋首專注於目標

勉勵以赴，心地誠悅，戒懼放逸的求道人，時粗時細，如同燒盡一切纏身的火燄一般，謹慎向前邁進。《法句經》三一

最近出現所謂一邊族的人們，這些人崇尚一心二用，例如，一邊看電視，一邊進餐、一邊看報，一邊吃零食、一邊做功課，一邊聽音樂。

當然，偶然這樣也無妨，但若在工作上也採取這般兩可的態度，就不能專心一致，埋首其中，其成果必定不佳。我們通常只能在同一時間裡思考一件事。若有人能同時思考或從事二件以上的事，則此人若非天才即是瘋子。

釋迦的入門弟子阿難，就是以隨侍師父身側，專心一意傾聽佛陀說法而知名的。有一次，阿難背部長了腫瘤，苦痛難當。釋迦得知後，便延請名醫齊哈家為其醫治。

齊哈家診察完後，認為腫瘤非動割除手術不可，可是當時的割除手術沒有現代完善的麻醉設施，必須忍耐極大的痛苦。齊哈家知道阿難聽釋迦說法時最為專心，已至入迷境界，於是就趁阿難聽講時動切除手術。從手術開始到結束，阿難都只專

心聽講，渾然不知其他的事。

類似的故事也出現在日本作家小泉八雲的小品文《斡旋》中。故事的內容是這樣的：從前，有一名男子犯重罪而被處死刑，這名男子十分不服，對武士說：

「你如果斬了我，我必然懷恨在心，並立誓死後向你報復。」

武士聽了這樣的恐嚇，便答道：

「既然你下了決心，不妨證明一下，在砍頭後，咬住前面的石頭給眾人看。」

「好！就咬給你看！」語未畢，頭已落地，那首級果然滾向前面的石頭，再一躍便咬住石頭，然後才鏗然落地。在場的家臣們都看得觸目驚心，戰慄不已，紛紛要求武士為受刑男子施餓鬼祭。

但武士心中明白，故答說：「無此必要。」

武士所持的理由是，當那男子一心一意欲咬住石頭時，懷恨心已消失。

當我們從事於一項建設工作而努力時，務須放下身邊的一切瑣事，並暫時與外界隔離。全心投入其中，與其溶成一體，像這樣地埋頭苦幹，才能有所成就。但不知我們自己本身，是否也有過像這樣專心一意，埋首其中，朝著目標邁進的經驗。

76 避免就易之愚

不寐夜長，疲倦道長，愚則生死長，不求正法，無重生之望。《法句經》六〇

明知是件好事，我們卻往往因為怕麻煩而不做；而明知是件壞事，卻又在人情包圍下去做。俗語說：「早起的鳥兒有蟲吃。」大家都知道早起的益處，但就是改不了舊習。

例如，前一晚喝得酩酊大醉，因事熬至三更半夜，以致第二天睡過頭遲到，又或因嫌早晨太冷而賴床遲到等，真是不勝枚舉。

我們當然也很清楚的知道，必須以理性來控制自己的慾望與感情，但若付諸實行，卻又困難重重。

現代人傾向於感染上好易惡難的毛病，逃避困難的工作，意志力薄弱，懶洋洋地度日，毫無朝氣。

我們若不肯動手實行，只站在一邊旁觀，是無法完成任何工作。所謂「畫餅無法充飢」，幸運不會從天而降，必須靠自己的意志力，鼓起勇氣，勇往直前，才能

蒙幸運女神的青睞。

在醫學上有一種病例，是母親吃了某種安眠藥，而導致胎兒的殘障。辻典子就是這種病例的殘障者。幾年前她寫了一本書：《我，典子》。

在書中，他寫出克服肢體與心理困難所付出的勇氣，十分令人感動。典子的雙足健全，但雙手殘障，行動十分不便，但卻一直希望能學會游泳，她因四肢異於常人，故得花下更多練習的時間，全心投入，終於學會游泳。甚至使用雙足完成全部海泳的里程。

像典子這般「什麼都要學」、「下定決心，貫徹始終」的堅強信念，實在令人感佩。

連一般身體健全的人，初學游泳時仍會對水產生恐懼，而一個失去雙手的人卻能學會游泳，完成困難的海泳，想必這種毅力是來自典子對游泳的喜愛與渴望。同時這件事也增進了許多人對「有志者事竟成」這句話的信心。

反觀之，我們往往對有能力完成的事，都推諉不做，只埋怨道：「太難了，做不來！」其實任何事只要以貫徹始終的精神去做，結果將是「天下無難事，只怕有心人」，乍看十分困難的事，也可有所成就。

我們一般都認為，外表端正，言行得體的人，十分富有魅力。當然，這些人頗受人歡迎，在社會上也得人敬愛，但是，世界上並非只有這類的人是唯一富有魄力的人，許多深度的魅力，實非外在的魅力所能比擬的。

不論一個人的外表與言行如何，當他不斷自覺精進，朝著目標邁進，全心投入，埋首其中，那種誠敬專注的神態看來真是美極了，令人從內心發出讚嘆。一定有許多人會覺得他們遠比那些虛有其表，凡事草率的人更具魅力。而另有些人，不計自己利害得失，一心為他人奉獻，那種魅力，也更令人感佩萬分。

例如，在殘障團體中默默工作的保母，或者是站在十字路口指揮學童交通的義務伯伯。他們無視自己的歲月，在默默的為社會服務，令人感佩。此外，開電車、巴士的司機，或專注於藝術工作的人士，都叫人由衷感佩。

他們好似都為了特定的事物，燃燒自己的熱情，全力以赴。那是因為他們鍾情於自己認為有價值的目標，充滿使命感的前進。

說他們是一種信仰，也未嘗不可，信仰不僅是向特定的神佛膜拜禮禱，也可指不斷向自己心中目標邁進，全力以赴的精神與情操。

可能他們本身並無意使自己成為具魅力的人，甚至他們因心無旁騖而根本不自覺這種魅力。他們只是深深的被自己所專注的事物所吸引，勇往前進。日久，形成他們自己獨特的魅力。

因此，一個人如果在生活中，不懷抱一顆接受感動與驚喜的赤子之心，那麼這個世界確實是乏善可陳，了無生意。

禪僧慧開所著《無門關》中說：「百尺竿頭，更進一步。」主要是說明，禪的修行是沒有止境的。

在禪理的教誨中，又作了這樣的解釋，當到達「悟」的最高境界時，不能因此自滿，為了服務更多的群眾，必須不斷地充實自己，而付諸於行動。

這句話撇開它所蘊含的「禪」的深奧哲理之外，仍舊叫人感受到刻骨銘心的教誨。綜觀現在的青年，有幾個人能有這種謙虛的胸懷呢？

大部份的人，不是以「我已到達最高境界」，來作為停頓的藉口，就是用「我已付出相當多了」而感到自滿。

77 不懼批評與責難

過去沒有、未來沒有、現在也沒有完全被毀謗，或完全被讚美的人。《法句經》二二八

沒有人喜歡被人責罵與數落；反之，大家都喜歡被誇獎與讚美。人是感情的動物，往往為了芝麻小事，時喜時憂十分脆弱。因此，我們必須避免冒失，以免刺激別人的感情。

尤其是對於精神、智力向在發育階段的幼兒，父母與周邊的親人應謹言慎行多注意，避免浮躁粗劣的言行刺激幼兒。而多以溫柔鼓勵的話語，以期使其得到良好的環境教育。

根據對某所幼稚園全體一百四十人的問卷調查顯示，幼兒最討厭父母說的八種話如下：「我討厭你，滾出去」、「傻瓜、白癡」、「囉嗦的傢伙」、「快些整理東西」、「喂！」、「討厭」、「小鬼」、「愛哭鬼」。

兒童最喜歡聽的是下五類話，分別是：「真聰明，好棒！」、「真可愛，好善良」、「謝謝」、「做得好」、「你已是好姐姐（哥哥）了」。

無須贅言，當你口出惡言會傷及孩童心靈，甚至留下壞的影響，延至其長大成人，變成一個心術不正的人。

原則上，我們應多誇獎他人，但也須適可而止。因為一味的誇讚，會造成孩童夜郎自大、目中無人的心理。但在責備時，也須讓孩子明瞭被責備的理由。此外也應注意，言教不如身教，父母以身作則，孩子自然守規。

只是很多大人責備孩子的目的，並非完全為匡正孩子的規矩，往往是拿孩子當出氣筒而已。故孩童常在大人的臉色下度日，一副可憐兮兮的模樣。

而我們自己本身亦須有心理準備，就是當我們有心從事一些他人能力不及的事情時，往往會遭非議，這也是難以避免的情形。

《我的人生訓》中，這樣寫到：

「如果你做了與眾不同的事，必定會被人數落，所以當別人對你無所指責時，就證明你與一般人無異。因此別人的責難也有正面的意義。當然如果是『千夫所指，無疾而終』那一類的責難，便失去正面的意義。」

世界之所以進步發展，經常得力於這些有心改革現況的人。

勿見別人邪曲，勿見別人做此不做彼，應思自己何為何不為。《法句經》五〇

78 對自己言行負全責

眼看著有些人高舉雙手，大聲喊道：「世界和平！給人類多一點的愛心！」這些所謂的社會運動家們的熱心是無可懷疑，但是他們本身是否為一和平的愛好者？或真正富有愛心？這就可能令人感到疑惑了。

在口頭上，人人都可高唱愛心，但事實上能心口合一，努力實行的人又有多少？相反的，有些人為了表示自己的高超，裝模作樣的以對世事不滿的口氣對外疾呼，彷彿自己是一位主義實踐家。

和平與愛心並非耳提面命可達成的，必須自己身受其感，並在做人處世將此理念表達出來，以身教來感化他人。

釋迦在世時代，其弟子拉謝加哈（給孤獨）長者，自從皈依釋迦，後便步上布施之路，故以樂善好施而著名。

他在故鄉沙瓦地，不但捐出自己產業——祇園精舍，供釋迦一行人使用，而且

在街上逢人便布施食物、衣服，或其他用品，甚至連小動物都不例外的布施。

有一次釋迦問他：「長者，你為何如此樂於布施？」

他回答道：

「我這樣做是一種修行，所以，一點沒有布施的意思，看到別人快樂，自己也快樂，我覺得這是在積功德，一點點微不足道的布施，很是慚愧。」

釋迦說：「其實樂施不在於物質多少，只要真心親手施贈，祈盼對方幸福，即是宏大的布施，也是最高尚、最美善的布施。若不是真心，只為積攢功德而施捨，那麼再多的捐贈，都不能稱為是好的功德。」

於是給孤獨長者更加認識布施的真諦，日後更加默默地布施行善。

為殘障者設立的「何方是學園」的園長宮城真子，為幫助殘障兒童而捐出自己產業，他曾告訴那些兒童說：

「溫馨，溫馨可予人堅強的生存意志。」

這句話給人極深的印象與感動。他的默默付出引起很多人的共鳴與共識，遠比那些振臂疾呼和平、愛心，卻又不見親身實踐的人效果要強得多。

79 金錢豈是人生的一切

凡愚所思，惟我子、我財，故苦惱紛沓。吾之吾不在己，是誰子、誰財。《法句經》六二

有一位刻苦耐勞，從一文不名開始創業，白手起家，終於積攢下數十億的財產。一般大眾將其視為暴發戶，他本人卻絲毫不在意。他的口頭禪是：

「金錢是人生的一切，有了錢，想什麼有什麼。所謂貧居鬧市，門可羅雀，富在深山，門庭若市，金盡即緣盡，誰都不屑一顧。」

他的日常生活也是極盡儉吝，不亂花錢財，可說毫無生活情趣。但他眼見財富越積越多，暗地裡樂不可支，整批的黃金埋藏土中，儼然建造了他的黃金國度。

但卻因為他唯金是圖，忽略了家庭和諧與孩子的成長，因此孩子長大後均紛紛離家自立，長年也不回去省親。而他隨著年事逐漸增高，更加頑固，簡直就成一隻鐵公雞，一毛不拔，從早到晚還計劃著如何掙錢，奔走忙碌，坐不暖席。

可是一天他突然猝亡，那些一向遠離在外的孩子接到死訊，火速趕回家來，全家平靜地為他作法事超渡。法事結束，大家分食素席，黃酒三杯。

進食正酣時，忽然傳來怒罵聲，原來孩子們因父親遺產分配意見不合而大打出手，後來雖經眾人調停，紛爭止息，但在場人士不免為做父親的深深嘆息。他生前節衣縮食，拚命工作，積存下這麼多的財富，又為了什麼？為誰辛苦為誰忙，他的一生就這樣過去了。

父親屍骨未寒，就發生兄弟鬩牆，交相指罵的事件，不知在黃泉下的父親是何滋味，一思及此，令人覺得百感交集，不勝唏噓。但是仔細思量，所謂「有其父必有其子」，孩子回來並非為弔念父親，完全為了爭奪財產而已，父子間感情蕩然無存，也無怪乎有這種場面出現。

父親為了錢財，全力以赴，終身奔波，以為「金錢是一切」，有了錢，什麼都有了，完全忽略家庭、孩子，造成親子疏離，家庭失和，做父親的也難辭其咎。因此做父親的除了賺錢養家外，也應顧及家庭的感情與維繫，已是不言自喻的道理。

雖然愛拚才會贏，即使達到某一程度的財富與事業，但犧牲了家庭與孩子，所付出的代價也實在太大了。可惜這位父親在生前未及時發現：積存財富只可當人生的手段，但不可做為人生的目的。

入無花果樹林中，求花而不可得。《釋達・尼巴達（經集）》

80 不言而行

日本傳下這樣一則寓言：

有一隻蜜蜂，無意間看到狗與猴子在爭吵，細聽之下，發現原來是這樣的，狗十分驕傲地說：

「我是本鎮的財主，捐獻最多，也擔任過許多要職，為市鎮發展建設不惜餘力，我最愛本鎮，貢獻也最大。」

猴子聽了，很不以為然：

「胡說，越是自吹貢獻大的，越是不負責的人。就是因為這種無聊的人，本鎮至今都發展不起來。我無財無勢，但我卻了解小老百姓的需要，我悉心聽他們的苦衷，從不嫌煩，我從不自誇，但我才是真正愛本鎮的人。」

於是狗與猴子爭吵不休，互揭瘡疤，都說自己是最愛本鎮。鬧得不可開交。

蜜蜂在一邊聽了一會，一笑置之，他想：

「為了那麼一點芝麻小事鬧個不停，真是犬猿之爭。聽他們吵架太浪費時間，我要趕回去做自己份內的工作了。」

說完，便歸心似箭地飛走了，專心一意為建造自己的蜂巢而忙碌。

這裡有一個問題，到底誰才是最愛本鎮？狗與猴子分別誇耀自己的財富、職務、地位，以及傾聽市井小民苦衷的功勞，以為單憑這樣，就可自詡為最愛本鎮的人。但這些理由分明是太過牽強了，無法令人信服。

一個真正愛他鄉里的人，應先做好自己份內的工作，在實際行動上付出更多的努力，並提高市鎮的文化內含。

前述犬猿之輩，不過只是「言者不行，行者不言」的一種表現。而默默專心於自己份內工作的蜜蜂，才是真正值得我們學習的對象。

當然，凡是人都會有幾分不勞而獲的投機心理，但這種情形是無法享受其中成就感的喜悅。若是不充實自己的條件與能力，只知一味求取好的結果、好的名聲，豈不無異於緣木求魚？

世間紅塵，靠著外在的華美、光鮮，是不實際的；要由內在樸實的生長起來。

81 懂得分際與分寸

我認為愛慾的首要，在於適當的限度。《相應部經典》

古時印度有一名愚笨的男子，有一次應邀參加聚餐，當被問及菜餚味道如何時，他答道：

「好像味道淡一點。」

於是主人在菜餚中加了一點鹽，味道就好多了。所以，那男子一面吃、一面想著：

「哦！原來鹽可增加菜餚的美味，那麼我再多放一些鹽，味道會更好。」

所以，他回家後在所有的菜中，大量放鹽，卻不料太鹹，以致無法下嚥。

（《百喻經》）

以上的故事，也是告訴我們，任何事均有限度，過猶或不及、太多或太少，均非恰當，而應合於相當的標準，否則放縱任性，為所欲為，任意行事，超過限度，結果落得咎由自取，後悔莫及。例如，喝酒過量，結果爛醉如泥，嘔吐滿地，第二天還得為宿醉所苦。

話若說得太過放肆也是一樣，結果使別人不堪忍受，而招致厭惡。總之，任何事情都不可超出一定的限度，否則均不會有好收場。

最近，台灣只要一翻開報紙的社會版，看到的都是凶殺姦惡的事件充斥版面，令人觸目心驚，而那些無法無天、惡逆無道的犯罪手法，更令人張目咋舌。

即使從前被認為最具團隊精神，隱忍自重民族性的日本，社會治安也每況愈下。血洗全家，為情殉死案件層出不窮，已成了大家日常交談的話題，至於青少年誤入歧途，成年人貪污瀆職，更是俯拾皆是，稀鬆平常。

今日的社會已到了人人自危，不知道下一分鐘會發生什麼事件的地步。世風日下，人心不古、反目、鬥爭事件比比皆是。

大體而言，日本是一個遇到困難產生反彈的民族，往往激勵其突飛猛進。但有時不免意氣用事，在做法與手段上，不是太過偏頗，就是太強悍。例如，在第二次大戰爆發前，日本無論在政治或經濟上均受聯合國牽制，為了擺脫束縛，竟然不知分際地向世界宣戰。日本當時也無必勝的把握，十分冒險，但卻因過份相信軍國主義的力量，在沒有確切的資源補給管道下，不斷勇往前進，雄心勃勃地擴張版圖，結果導致過度膨脹，像氣球一般，砰的一聲爆炸毀滅。

至於日本在戰後的重建工作，也一心以戰勝國為標榜，叫著「追！追上！超越！」的口號，全國一致，同心協力，義無反顧向前努力，造成在短期內各方面扶搖直上的經濟大國，在此即不難看出其突飛猛進的精神。

現今的世界已逐漸步入國際協調的時代，每一個國家均不可能再拘泥在自己眼前的利益。至於所謂的「眾人齊步，紅燈也不怕」那種任意專制的作為，已不合時宜，不為國際社會所容許。

上述觀點也適合應用在我們一般的日常生活裡，無論做任何事，均要重視與周圍的協調，若是感到「好像有點過份」的紅燈訊號亮起時，就應自重反省，莫超越上限而不自知。

當然，一個人要完成某件事情，自信是相當重要的，但過份的自信，又往往是導致失敗的原因。且「自以為是」、「自以為了不起」，周圍的人定會以如此不屑、不滿的眼光斥責你。

82 狐假虎威

自己才值得依靠，否則還有什麼可依靠，世上豈有勝過自己全力以赴的人。《法句經》一六〇

當喬達摩悄悄離開父家外出修行時，是由僕人占那隨侍在側。占那待釋迦悟道後，回到故鄉加彼拉瓦斯特時，也拜為弟子出家修行。

占那在釋迦處十分認真地修行，但因他素知釋迦幼年與少年時代的事情，故而有些自負，且認為師父出家，他亦有功，動輒便自誇道：

「我比誰都親近師父。」

驕慢的心態表露無遺。

有一次占那辱罵釋迦的兩大弟子沙利布達與莫滋卡拉那：

「我在師父出家時，已追隨在側，從未離開過師父，不想你們二人卻在外到處宣揚是師父的首要弟子，怎麼好意思呢！」

釋迦從其他弟子處得知此事，便喚占那前來問明真相。占那一語不發，俯首沈默。師父看穿他的心思，便溫柔的訓戒其不可對人口出惡言。可是，不久占那又故

態復萌，傲慢依然。

其他弟子拿他沒有辦法，只有再三向師父訴求。據說釋迦這樣回答：

「我活著的時候，占那恐怕無法改變心態，只有等我去世後，占那便會發現自己的過錯。」

當釋迦即將入滅前，弟子阿難問道：

「師父，我們應如何對待占那？」

師父答道：「阿難，待我去世後，科罰占那實行布拉呼瑪達法則。」

這個法則規定受罰者可任意思想與說話，但其他的弟子卻不能回答他任何話語，或作任何規勸，也就是一種刻意忽視他存在的處罰方式。

故在釋迦死後，阿難喚占那前來，宣布此一罰則。這時，占那才發現自己的過錯。據說，從此改正心態，得到悟識。

針對弟子們種種過錯與不正當的行為，釋迦生前留下許多種的懲戒與訓詞，所以日後佛教團體，便以此做為教團的新紀律（戒律）。

在我們的周圍，時常看到一些自以為是，囂張跋扈的人。尤其是那些因長時間追隨師父、長官、或雙親的人，往往狐假虎威，依仗長者的權威，頤指氣使，不可一世。

雖然狐假虎威的心理是許多人的通病，不難理解，旁人或可一笑置之，但由上面這個故事的教訓，可了解到依靠別人的權威逞強，到最後，自己本身仍將一無所得。

「欲信人，必先自信。欲知人，必先自知。」按理說，遭人誣賴，又被人誤打，肯定會火冒三丈，豈有此理嘛！然而真正有修行的人卻能冷靜下來，心不會被外境所轉，讓清者自清，等待機會，還我清白。

當然，凡事要看情況來決定，每件個案都有不同因緣才會發生，所以，也不妨用不同方法處理或面對，反正事情要處理圓滿最重要。

知錯又肯懺悔，善莫大焉，這樣懸崖勒馬，非常值得肯定，學佛應該這樣，最後也能皆大歡喜……。

釋尊制定戒律是有其根據和因緣，知道怎麼樣情況帶來不便與困擾，便嚴格制定這項規矩，只要遵行，便能得到清淨法喜。

83 了解惰性的可怕

憂由親生，不安亦由親生，
離親者無憂，何懼之有。
《法句經》二一三

惰性是可怕的陷阱。

如果每天見到同樣的人，做同樣的工作，一成不變，漸漸地便對這些人與事失去新鮮感，變成機械化的惰性運轉，待人接物也趨於冷淡與刻板。

其結果便將如同「淀水生蛆」的成語一般，心生怠惰，虛應故事，將人事把玩於股掌間。久之，必然造成錯誤，陷入失敗的深淵。

《雜寶藏經》中，有一則關於年輕仙人的故事，也是如同上述的失敗例子之一。

從前，在巴拉瑪西鎮上，住著一位年老的仙人。有一天來了位年輕的仙人，拜其為師。

年輕的仙人完全投入師父嚴格的修行指導中，因此，修得夢寐以求的神通力。於是他開始在眾人面前展現令人讚嘆的神通力，覺得十分神氣而沾沾自喜。日久，其聲名大噪，傳遍各地，在他所到之處，均受到大家的風靡，奉之為神明。

結果，年輕的仙人開始習以為常，心生驕慢，他想：「我的神通力已懾服眾人，我已是有名的大仙家了。」便漸漸地遠離老仙人。

但是，據說後來年輕仙人的神通力漸漸失效，以致被觀眾看出破綻，遂棄他而去。年輕仙人的神通力終致消失殆盡。

在佛教寓言集《謝達加》中，也有同樣的故事：

在市鎮的街上，出現一位氣度不凡的雜耍表演者，他排出一人高的四支長矛槍，然後縱身一躍，越過矛端，贏得眾人鼓掌喝采，紛紛投幣給他。這位表演者看到自己如此受歡迎，便心中高傲起來，又喝了些酒，就趁興狂傲的想著：

「跳越過四支矛槍，對我而言是太輕易了，再多跳一矛槍應不成問題。」

因此，便滿面得意的向觀眾宣佈：

「今天特別為各位表演跳過五支矛槍的表演。」

那位演出者的弟子一聽師父的宣布，嚇得目瞪口呆，繼之忠諫師父：「您從未跳過五支矛槍，這樣做太危險了，等於自尋死路。」

但師父興味正熾，又喝了些酒助勢，那裡肯聽，便輕忽的說：「不要阻止我，你們那知道師父我的伎倆。」於是走向前去，向第五支矛槍挑戰。

結果演出的師父在心有餘力不足的情形下，躍不過第五支矛槍，身體活活地插在第五支矛尖上，發出悽慘的哀鳴，魂斷矛槍上。

平日習以為常的事，往往會掉以輕心，造成嚴重難堪的後果。類似的情形，有如日本室町時代的能樂演員世阿彌在《花鏡》中所唱的：「是非、年年；老後，初心不可忘。」真是最好的借鏡。

在這世界上，無論對任何人、任何事，應秉持每日都是新的開始，以初見的心情待人處世，就不會如前述年輕仙人，或雜耍師父那樣跌倒失敗。而腳踏實地的邁向成功光明大道。

「我無時無刻地渴望著早日在社會上揚名立萬，並且馬上擁有顯赫的名號……。」有人為此而整天苦思成名的捷徑。

法國哲學家華爾迪爾說：「過份大的名氣，反而是一項極大的負擔。」

因此，培養自我的實力是最優先的要件。有了實力後，名譽自來親人。

84 不可憎恨他人

忿恨是惡癖，有憎人，覆人美德之風。應知懷妄見，覗外見者，非人也。《釋達•尼巴達（經集）》

在古代，歐美每逢災害或瘟疫蔓延時，就認為這些都是惡魔附身在女性身上，作怪降災。故此他們中間出現一個號稱「殺魔女」的集團，找出這名魔鬼纏身的女性，將她戮殺作為血祭。這種陋習瘋狂的盛行一時。

那名被指認為魔鬼附身的女子，沒有人會聽信他的辯解或伸冤，只將她推綁到廣場上，百般凌辱，最後斬首示眾，才平息群眾的忿怒。

佛教寓言集《謝達加》中，也有類似的故事：

從前，有一位名叫彌達丁達加的修行者，也曾被眾人當成惡魔附體一般嫌惡著，遭到社會大眾百般指責，最後被驅逐至外地，不得回鄉。

彌達丁達加後來到達巴拉那西（現在的見拉尼斯）某位出名師父處安頓，但又為了細故與人爭吵而離開，繼續他的流浪生涯。

命運多舛的彌達丁達加，千辛萬苦的終於找到一安身的村落居住下來，不久也娶妻生子，過著平淡的日子。可是好景不常。那座村落忽然接二連三發生不幸事件，村人覺得一定有什麼不祥之物到來。

村民百思不解，覺得村中一切如常，唯一的改變就是彌達丁達加到此傳教居住而已。於是村民議論紛紛，認為問題就出在彌達丁達加身上，是他一家人招致瘟疫流行。謠言越傳越廣，大家對他們避之如瘟神，任何地方均不准他們停留，彌達丁達加又只有續作流浪之旅。

不必道古，放眼現今的時代，實際上不是也進行著同樣的事嗎？若是有一件失敗或不幸的事被舉發出來，大家就將所有的矛頭對準某一特定人物，所有的責任都推諉至其一人身上，圍剿糾彈，有名無名的怨氣都有了出氣的對象。

這名被糾舉出的人就如同古時當做血祭的祭品，而且這種人選越是知名度高的人物，如政治家、醫生或學者，就越有新聞性，越能激發群眾的情緒。故每當有貪污瀆職的賄賂案，或其他的秘聞、醜聞爆光時，大家都抱持著看好戲的心理。

雖然被舉發糾彈的人，極可能也是罪有應得，不值同情，但藏污納垢的事情比比皆是，我們所能看到的只是冰山一角而已。

可是大家並不深思這個問題，只對被傳播媒體渲染的事件感興趣。於是這些被揭發的人與事成為眾矢之的，有如過街老鼠，人人喊打，受到社會嚴厲的制裁。

而那些未被揭發的人，正好藉此得到庇陰，逍遙法外。即使他們，犯下更大的罪惡，此時也可擺起一副道學家面孔，與眾人一起做杯葛糾彈的社會制裁，儼然也成為事件的受害者似的。

這真是「殺魔女」的現代版。如果大眾傳播媒體藉著集體言論的力量，造成超過司法嚴正判決的聲勢，那這個國家的法治恐已蕩然無存了。

有希望、有夢想，這是非常好的事，可是如果沒有積極想要使它早日成真的意慾，那麼這些夢想，充其量亦不過像是畫在紙上的大餅而已。

積極想要促使希望和夢想都能實現的努力，才是最重要的。一個人肯下這樣的努力，那麼他也必定能夠耐得住各種現實的試煉。

美國政治家富蘭克林說：「唯能忍耐之人，唯能得到其所希望之物。」

以事無不可能和絕不半途而廢的精神，為達成目標而全力以赴，人生的道路自然寬廣。

85 務須具備律己的信條

入佛海應以信為根本；渡生死河應以戒為船筏。
《心地觀經》

船筏是載運人或貨物，由河川的此岸渡往彼岸的工具，載運結束，船筏便擱置一邊，毫無所用。

同理，在我們人生的過度上，須具備堅定的信念，以渡過洶湧的波濤。至於如何獲得堅定信念，有時需內外在雙方面進行。戒律便是外在的規範，用以調整內在的心性，是十分重要的。

古語說：「心求形，形推心。」一個人若有良好心性，其外在舉止行為必能改善。同樣的，一個人若在行為態度上存心改進，他的心性亦會隨之向上。這是一種良性循環，我們平日也常有如此的體驗。

心與形是表裡一體的，它們可導引人們步上光明的人生。但有些人則說：只要有良好的心性，外形可以不拘小節，言語放肆，外表不修邊幅亦無傷大雅。但這些都是偏頗、詭辯的言論，不足為恃。

昔日，要成為釋迦弟子，加入佛教團體，當謹守五戒，以外在的形體規範做為整律心性的手段。

五戒也是無論出家人或俗家居士在日常生活上均應遵守的戒律。後來才衍生至出家比丘須恪遵二百二十七戒，比丘尼須恪遵三百十一戒等的戒律。

所謂五戒，是不殺生戒、不竊盜戒、不邪淫戒、不妄語戒、不飲酒戒。今日在東南亞一帶的佛教徒仍嚴格遵守五戒，但也有像日本等的國家，頂著文明先進國的名稱，隨著時代潮流、科技的進步而有所改變。

對於像蒼蠅、蟑螂、蛆蟲等害蟲的消滅與否，或者應否告訴自己親人罹患癌症等的看法，往往見仁見智，論調不一。採取視狀況而論的權宜論點，認為只要本人心性堅定，在行為上無妨實行大乘無戒，不必拘泥成規。

戒律二字，梵文中的戒稱為「希拉」、律稱為「維拉葉」。戒是本人自動遵守的自律性條；而律是規則或法律，由教團的教友共同決定的約束規則，是為他律性的戒條，所謂戒，就是「告訴自己本身應遵守」的自我要求的準則，並立誓付諸實行；所謂律，則是「只有這些要遵守」，實行他人規定的準則。

無論是戒或是律均是為防止行為、品格出軌的針砭。對於那些容易犯規的人而言，戒律不啻是「如果再任性下去，便遭懲罰」的當頭棒喝，也是警示危險的紅燈訊號。

我們如果在一開始便有所警覺，避開危險、罪惡，戒律實無用武之地；但對於心神鬆散，易入危險、罪惡的人而言，戒律則是深具功效的。

真正的幸福必須學習嚴格的戒律，這是必須強調的一點，在今天這個時代，更痛切感到它的必要。將「戒」的生活化提出來的原因即在此。

「戒」不僅是倫理及道德而已。戒的第一意義是謹慎，但如果只是這樣人就能真正得到幸福，那麼，只要道德及法便已足夠了。因此，戒的第二意義是教示。明知道是善卻難以實行，明知道是惡卻無法控制，因為人都具備「人性的黑暗面」，當黑暗面掩蓋了光明面，罪惡於焉產生。此外，戒也具有具備之意。人的內心生來便深深埋藏著對人性的醒覺，正因如此，人才得以稱之為人。

今後的人們正當而純淨地成長，每個人都能過著幸福的生活，首先必須正確地學習戒律。

86 身心皆寄存之物

世上無一己物，皆為因緣聚集於己，暫時寄存於己而已。《法句譬喻經》

一般情形下，我們認為自己的身體當然是自己的所有物，毫無疑問。

但是，真是如此嗎？當肉體受傷流血時，若我們懇求道：「血液啊！你是屬於我的東西，就停止流血吧！」

血是否會止住呢？又當我們為苦惱憂煩，精神受煎熬時，我們使勁地說：「神經！你為何這般苦惱，你是我的所有物，我命你停止苦惱。」

這樣有用嗎？苦惱會消失嗎？

假如這些東西，可由我們的意志自由控制，那麼世間也不需要醫生與宗教了。

就此而論，世界上沒有任何東西是歸屬人類或其他生物的，亦即均無可稱之為「我的東西」。因為萬物均屬於宇宙大自然生命的一環。我們不過是它們暫時寄存之處而已。

但是，由於人類的自私與無知，往往自做主張地認為「這是我的東西」。將宇宙萬物分成「你的」或「我的」，並且大家在其中爭奪不休。

釋迦也喝斥著道出，人類愚蠢的執迷心，造成諸多業障。並教導眾生不受其束縛的光明正道。釋迦如此訓示著：

「朋友們，我所說的『有我』，並非指這肉體是我的，亦非指感覺或意識是我的，更不是說除了這些，還有其他屬於我的東西。朋友們，這就有如花香一樣，花香並非指花瓣香，亦非指花莖香或花蕊香，而是整朵花發出的香味。所以，同樣的道理，『有我』並不是說肉體、感覺、意識是我的，或者另有屬我的本質。而是應該說，在這些綜合體上存在著『有我』。」

釋迦希望傳達的意思是。並無「我」這個實體存在，「我」不過是許多個體綜合的總稱，這許多個體暫存在於「我」而已。

人生在世，無我、無常，只是虛空，沒有任何人例外。

從以上這些觀點而論，我們自己的身體，以及所擁有的財物、頭銜、地位、稱呼等，皆為有緣暫時聚合於此，有如寄存之物。如果有人一味的認為，宇宙自然萬物是自己的所有物，未免太過僭越。

第五章

悟・活出心地豐沃的人生

凡有生者、必有死。舉世無匹之吾師如來正覺者亦逝去。《大般涅槃經》

87 死——嚴肅的事實

釋迦八十歲那年，仍在凡沙利鎮托鉢。當釋迦要離開當地前，登上附近的山丘，對身邊的阿難說道：

「我可能是最後一次俯視這個市鎮了。」

但是，阿難卻不同意釋迦的看法。後來，他們來到達巴村，在濃密的芒果樹林中，接受一位名叫真達的鐵匠工食物供養。但不久，釋迦便因食物中毒而病倒，他抱病勉強與弟子們一起到達克西拉那市，終於開口說：

「阿難，我疲倦了，想躺下休息。你在沙羅雙樹下幫我鋪床吧！」

於是釋迦頭朝北方躺下。釋迦可能希望回到故鄉加畢瓦斯特渡過人生最後一段時間，但是此時還在半途中。

這時，阿難已知師父大限已近，悄悄轉身，自言自語道：「我一向跟隨師父學習，難道師父要丟下我而去？」不禁悵然淚下。

釋迦發現阿難不在身邊，便叫喚著，阿難腫著雙眼，來到床前，釋迦對他說：

「阿難，莫悲、莫泣啊！我平日不是常教導你，即使相親的人，終究也有分離的一天。也曾告訴過你，凡生必有滅。阿難，謝謝你長久的服侍，我由衷的感謝。希望你今後更加精進，達到所期許的目標。阿難，在你們當中，或許有人會想：師父未留下遺言便離開我們去了。但是，阿難，這樣想就不對了。我的肉體雖亡，但我的教義與精神永遠活著；所以，你們不可以肉體為念，只要實行我的教義，我就仍與你們在一起，如同我仍在世上一般。在我死後，我留下的教義與戒律就是你們的老師了，你們好好保存流傳下去。」

在弟子肅穆的沈默中，釋迦繼續說道：

「弟子們，我再次重複告訴你們，世上一切無常，不可放逸，全心全意的精進吧！這就是我最後的遺言。」

釋迦說完，靜靜的閉上雙目。據稱當時是二月十五日的半夜。那時雖非沙羅雙樹的花季，但依然花朵盛開、檀香飄舞，正是「音樂哀婉雅亮，異香馥郁映芳」的情景。

得知釋迦入滅消息，大多數的弟子與住在附近的馬住拉人均趕來參加七日葬儀，並在不遠的馬克達班達拉荼毘，釋迦的遺體分成八份，分藏於諸國中。當時舉行荼毘的所在地，現在已建造了拉瑪巴爾塚與涅槃塔，供後世人前往瞻仰。

有些人天生才智高人一等，但也要磨練才能成器，倘若辜負自己的才智，不僅對不起父母和自己，也對不起社會大眾，損失之大，無法估計。故在有生之年，宜善用自己的身體與才能，才是正確的人生觀。

有果必要因，而佛教講三世因果，倘若自己今天變成這個樣子，或有這種結果，應該盡量從今生今世找尋原因，倘若知道缺陷，那就是原因，就得設法糾正，努力向善，才能改生善果，得到善報；若在今生今世找不出原因，就是前世的原因了，雖然往事已矣，前輩子的原因無法改變，幸好佛法是圓融的，也是靈活的，一點兒也不僵硬，只要承受果報之餘，不斷再種善因，便能逐漸享受善果。總之，牢牢記住有因有緣必有果報，故要不斷種善因，才能不斷得到善報。

希臘哲學家愛畢克迪多斯說：「人生應該要接受被賦予的東西，同時善自應用它。」

88 終極之美

> 初善、中善、終以善。《律大品》

現代社會現已呈現高齡層的結構體。故如何實現老而彌堅的終極之美，成為大家注目的問題。

每一個人都會逐漸衰老。屆時，人的體力、記憶力俱減，忍耐著行動遲緩，醜態披露勉強過活著，真是一件令人難堪與殘酷的事。

但是，在精神層面上，人是隨著年齡的增長，體會到許多年輕時無法了悟的事，因而智慧越加成熟圓融，人的內在品味更有所增進。

釋迦在世八十年，是當時印度罕見的高齡。而釋迦最令人欽佩的，就是在一息尚存時，身心二方面仍精進不怠，完成佛教中的「大往生」。

以完成任務與工作為使命感的人，全心向著目標邁進，死亡的恐怖是無法威脅到他們的。他們一生只盡心盡力達到目標、全神貫注、心無旁騖。在大限來臨時，才抬頭看到死亡之神。

鈴木大拙博士，是一位參禪者，在生前投注於英譯佛經工作，他著手中國禪學古典著作《景德傳燈錄》四十卷，以及親鸞所著《教行信證》的英譯工作。他年至九十三高齡，仍矍鑠健朗，有一天他從埋首的工作中，抬著頭，破顏大笑道：

「我正以此老朽之身與死神格鬥，一決勝負啊！」

數年後，他完成了英譯的工作，才溘然長逝。

對一般平凡的人而言，可能無法望其項背，但在有生之年，最好能留下一些可稱為「這是我的作品」的成績，以證明未虛度此生。日本京都堀川病院的院長早川一光，當他在西陣機織工廠，看到日常仍勤奮工作的老人時，感慨地說道：

「工作、工作又工作，直至生命最後一刻仍工作的老人，實在令人敬佩。」

老人問題在西方也漸受重視。據說美國某大企業，在招募職員的面試中，就提出這樣的問話：「如何對待父母親？」

這家公司以其對父母親的態度來考量此人品德，認為那些只將雙親扔在養老院便不加聞問，卻自以為仁至義盡的傢伙，沒有一個是可擔大任的人。

有一本教導孝親的經典——《父母恩重經》。

是中國極著名的經典，其中大意說到：「哀哀父母，生我劬勞，欲報之德，昊天罔極。」做父母的，不求子女的報謝，一味犧牲自己，盡心養育子女，而我們做子女的如何才能報答得了這種親恩。

可是子女長大成人後，大多嫁娶、生子、遠離親人而去，所以，在此經中又提到：

「父母年高、氣弱、體衰，所寄托著乃為子嗣，所依賴者乃為媳婦。故做子媳者應早起溫柔問安，以慰親心。父先母死，或母先父死，獨留鰥寡寢臥，子媳應常與之噓寒問暖，夜半覆被，搥肩撫腰，傾聽父母絮言，好言慰之，使其歡心。」

以上諄諄勸導為人子女者，體貼報答父母的恩情。而身為父母者，晚年能得到子女的照顧，在一生所繫的子女圍繞中離開世界，會感到十分安慰。

只是事實上卻不是這樣，天天都有子女罔顧父母的事件發生，讓人覺得心寒齒冷。

英國詩人霍普說：「希望是永久在人的腦中泉湧著。因此，人不應該眷戀現狀的幸福，而應該是要追求以後的更幸福。」

將悟字究極，即能不恐、不疑。而存後悔之憂者是切斷生存之矢。這些都成為他們最後的身體。《釋迦自說經》

89 處世泰然自若

關於醫生應否向罹患癌症的病人道出實情：「你已得了癌症。」的觀念，可說是議論紛紛，莫衷一是。不過，有一個共識，即應視患者獲知實情後，如何渡過其餘生而定。因為病患的反應各異；有些人在得知後，對生命有所覺悟，重定人生價值，渡過充實餘年。但又有些人可能驚恐失措，陷入半狂亂的狀態。

眼見病患日衰一日，身體削瘦，痛苦增加，死期一刻一刻的迫近，也千萬不可對他說：「你也沒有多少痛苦的日子了，安心的去吧！」

即使病況惡化至無以復加的地步，到他嚥下最後一口氣為止，仍應提升其活下去的勇氣，鼓勵他：「你的病仍有希望痊癒，振作起來吧！」一位仁心仁術的醫生理當如此做，讓病患在彌留之際，仍充滿感激之情，安心瞑目。

做為一名良醫的價值與光輝即在此顯現，亦不愧翩然來世間一趟。

為了紀念二月十五日，釋迦入滅的日子，各寺院均將舉辦涅槃法會，並揭示多幅描繪弟子與動物圍繞釋迦遺體旁哭嚎情景的涅槃圖。雖然釋迦生前一再提醒大眾——生者必死，同時亦告之弟子在臨別時勿須悲傷。但死別的哀慟是人之常情，忍悲強歡，情何以堪？

世上並非所有的人都壽終正寢，其中有暴斃而亡，意外死亡，或獄中死亡等突然中斷生命者。

為何我不嫌其煩，再三引用永別時刻的嚴肅場面。那是因為現代人，無論是去世的人，或是弔送的人，均少有最後告別的經歷。許多人在不見至親至愛人的情形下，孤零一身，寂寞含哀地離開人世。

無論現代醫學多麼進步，人類的壽命延長，但人終將一死的事實卻沒有改變。從前人類平均壽命是五十歲，現在增加到八十歲。

我們看到他人的死亡，通常十分冷靜，無動於衷；但若是思及自己死亡，內心便無法平靜，總祈盼能夠追求到「安詳的壽終正寢」。

宗教信仰予人有來世的盼望，面臨死亡能夠不憂不懼、泰然自持，並向來送終弔唁的人道謝：「多蒙照顧」，從容揮別，步上往生旅程，是一件幸福的事。

90 順境不醉、逆境不餒

謹言慎行，反躬己身。
克己勝於克敵。
《法句經》一〇四

攻無不克，無堅不摧，將勁敵一個個擊敗，那種領先超強，勇往前進的雄姿，百戰百勝的霸業，往往會沖昏人的頭腦，沈醉其中，狂傲自大，喜不自勝。但是，往往其後會遭到極大的反攻與報復。

在第二次大戰期間，日軍開始擴大戰事，攻佔東南亞中國大陸、南太平洋各地區，如火如荼。為了贏得速戰速決的戰績，日本全國無論前方軍隊或後方國民均全力以赴，陶醉在雄霸一方的夢想中。

卻未料到勢如破竹的攻勢，造成不堪設想的後果。在戰事的後半，因為軍援補給管道中斷，節節敗退，有如攀登梯子，登上一半，後半的梯子被截斷一般的處境，這是當代日本人至今記憶猶新，不能忘懷的惡夢。

昔日，在印度的克什米爾，有一名男子特從泰爾第亞國來此，拜當地一位佛教高僧為師。

那名男子努力修持，終於修得五神通的超能力。所謂的五神通力包括：天眼通，可以洞悉他人看不見的事物。天耳通，可聽聞他人聽不見的聲音。他心通，可探知他人的心思。宿命通，可知曉過去的宿因。神足通，可任意到處飛翔。

當這名男子獲得超能力後，便洋洋得意，傲慢無忌，其師父看在眼中，頗不以為然，便開口訓戒他，未料他卻無禮的反駁道：

「師父，你為何妒嫉我優異的能力。」

說完便拂袖而去。

他回到故鄉，以超能力攫獲國王的寵信。他又滿面得意的向眾人披露神通力，使鄉人驚異讚嘆，奉之有如神明。因此他漸漸傲慢囂張起來，以為可以為所欲為，完全忘記自己是修行者。他又沈溺在愛慾之中，使女子懷孕，邪淫放肆。

國王也風聞他的行為，起初無法置信，後經證實無訛，大為震怒，下令將其逐出城外為懲戒。可是他仍難捨驕縱，一意孤行，續做了多件惡行，直至事機完全敗露，為眾人所憎惡，淪為乞丐亦無人理睬的景況。

這時，他的師父在克什米爾，以天眼神通看到其弟子淪落的景況，便以神足通來到他那裡，然後又以宿命通得知他過去的行為。於是師父愛徒心切，將之訓斥一番，終於他受到感動，由衷地痛改前非，跟隨師父重新修行與做人。

因此，我們不能自以為略有才能，或略有財富、地位、名聲就沾沾自喜，不加努力，掉以輕心。而須以「順境不醉、逆境不餒」為戒，更加警惕自己，勉勵自己，磨練自己。

經常抱著虛心學習態度的人，不僅會豐富自己的人生閱歷，也使人人樂於親近；而有些人心高氣傲，非但不屑於向他人學習，還自奉為世人的模範；光從這點就足以斷言他不可能擁有圓滿的人際關係。

愛默生說：「任何一個卑微的人，都有比我優秀的地方，值得我去學習。」

所謂「三人行，必有我師」，也就是說，別人經常都是優秀的老師；但你必須具備發現別人的優點，及自我衡量的能力。人，沒有完美的，唯有不斷地吸取他人的經驗，來彌補自己的缺失，才能締造美滿的人生。

以別人的經驗來啟發自己，以自己的方法來開創人生，這樣的生命才是最美好的。

91 相隨心生

務須自戒、自躬反省。以此保己身不墜，深思者可至安樂也。《法句經》三七九

文藝評論家佐古純一郎在創元社工作時，曾在新春酒會上，被該公司的編輯顧問，也是前輩的小林秀雄大聲斥責：「你看你臉上那副德性！」

他沒有做錯任何事，卻在大庭廣眾下遭到叱責，受到極大的難堪與打擊。

但是，在他作家論《作家的臉》中——是一本重視人心與表相的著作——將小林秀雄的那次叱責，視為充滿慈愛的教訓。他自此以後便警惕自己，努力的改善自己的面容，成為一張看見的人都會說「多和善可親的臉」那樣柔和的顏面。

提到顏容，在佛教說話集《雜寶藏經》中，記載一位名叫拉地醜女郎的故事。

她是婆那塞那其特王的女兒，據說面容醜得無可言狀，甚至到了恐怖，人人避之唯恐不及的程度。

父王也為此感到極為困擾，只得將女兒幽禁在城堡內，一步也不許外出。又對侍臣下令禁止論及其女容貌。

後來，在侍臣中挑選出一名單身男子，責成其與醜公主婚配。國王送了一棟別墅為嫁奩，並與女婿約法三章：第一、發誓絕不讓他人看見其妻。第二、一個人出城時，務必鎖上門窗。第三、即使在家中，也須鎖上門窗。

故此，這位駙馬每次出城赴宴，均不帶家眷，單身前往。日久，這種情形引起同席者的猜測，於是提出以後不帶夫人赴宴者，將受懲罰的規定。但駙馬礙於約法三章，只能硬著頭皮受罰，如此一來，卻更引起同席者的疑惑。

有一天，醜公主在家，一直為赴宴受罰的丈夫憂心，又擔心他歸途的安全，故閉室誠心唸佛，禱祝夫婿平安與順利。

最後，她的誠心感動佛神，公主全身洋溢著光芒，照得通室明亮，頃刻間，面容也呈現出如仙女般的美善。

此時，在宴會上，同席的眾人商議著：

「這名駙馬一直不攜眷赴宴，定有難言之隱。他的妻子若非美如天仙，就是醜若無鹽。我們現在將他灌醉，趁其不備，偷取鑰匙，進入其宅，一窺究竟。」

主意既定，便付諸行動。結果他們看到天下竟有如此貌美女子，著實吃驚不已。回到宴會會場告訴大家所見所聞。

駙馬酒醒後，匆匆趕回家，也意外發現妻子與從前完全不一樣，搖身一變，成了美女。匆匆與國王為此聯袂至釋迦處請教原委，師父說：

「那是因為公主誠心唸佛所致。」

由此可見，「顏面是心靈之窗的表徵」。心地美善的人，終究會在顏面上表現出來。

現代也有這樣一種說法，就是一個人過了四十歲不惑之年，應對自己的容顏美醜負責。這裡所說的容貌並非指由父母遺傳下來的外貌，而是指一個人在此生努力不懈，約在四十歲左右，便能將其氣質呈現在面容上。

那些無法自我造就氣質的人，可說是虛幌半生的最好證明。

總之，一個人心地美與惡，努力與怠惰，均會隨著時間而留下痕跡與影響。容顏亦包括在其中，所謂「相隨心生」是也。

任何一件事物，都蘊含著一個哲理，等待著您去揣摩；而周遭的人就是現成的教材，隨時隨地為您提供最佳的教育。

92 奉獻的心是尊貴的

以自己為燈，以自己為恃，不依仗他人也。以教為燈、以教義為恃，不依仗其他事物而活。

《長部經典》一六

最近，由於許多國家的社會福利保險制度進步，人們的生活得到一定程度的保障，因此，越來越多的人認為與其辛苦勞力的工作，不如逍遙輕鬆度日一樣可以過活，何樂而不為呢？

這些不事勞動，就可維持基本生活的人，雖可輕鬆度日，但是，卻會成為毫無活力的人，失去體會工作成果喜悅的機會。而對於社會生產力，也是一大損失，可能導致全國各階層步向夕陽化的景況。

在此以英文詞彙附加說明工作的意義。在英文中代表「工作」的有二個字，即「Work」與「Labor」。可是此二字均是指因金錢或工資而承受勞動的負擔，含被動的意味，並非如「Industry」含自發性勤勞的意思。

論及勤勞這方面，世界各國的產業幾乎全由那些戰前或戰爭中出生的人支持局面——相同的這些人也具有肯為家庭奉獻，犧牲小我的精神。暫且不論這種局面的優劣，但由於這些人保存的勤奮精神，才使得國家經濟高度成長，社會繁榮蓬勃。

釋迦在生前，也隨時勸戒弟子們：「怠惰是通往死亡的道路」。他在入滅前最後的遺言也是「不要放逸，須力求精進」。後世的佛教弟子亦遵行釋迦遺言，常記努力修行為自我精研之路。

日本江戶時代的禪僧鈴木正三也曾說過：

「凡事皆佛行。我們是以自己的所言所為修成佛。故在佛行之外，不可有別的作業。一切所為均應以社會人類益處設想。」

他將佛道修行，解釋為利他的行為，勸導各人以佛行從事自己的工作，為我們所生存的世界與其上的人類盡一份心力。

這也就是美國社會學家路巴特・貝拉教授所提出：「日本國民將佛行的教義，深植在勤勞的精神裡，也是使得日本在短期間步入現代化，成為可與世界列強並駕齊驅的經濟大國的原因之一。」

這裡所謂的工作，是指「減輕他人負擔」而言，並非為了自己的利益而工作，有如蠟燭燃燒自己，照亮他人。任何人均有其特性與能力，我們如何運用自己的特色，互相搭配，互相支助，使形成一個良好的社會。

故每個人均須有這樣的認知：在一個大家犧牲奉獻而組合的社會中生存，若只顧己利、僅圖己逸，是一件羞恥赧顏的事。

究竟我們應以何種方法來貢獻社會？這就必須視各人情況而定。

不能出勞力者，可以出錢；不能出錢者，可以提供技術；無技術者，可以貢獻智慧；無智慧者，可面露微笑；無微笑者，可真誠待人。總之極盡所能，有益於他人，便是對社會有所貢獻。

「我很珍惜目前的幸福。如果能夠維持現狀就心滿意足了。」

有些人過份地滿足現狀，唯恐喪失目前的幸福。

其實，想要維持現狀並不是一件容易的事。因為，要維持現狀的觀念往往會使人喪失攻擊性的精神。

一個人的心態一旦只求守成，其行動必然轉為消極，並且會害怕任何些微的危險。於是這種人只有被現狀淘汰的可能，為了自己著想，請再燃起戰鬥的精神。

93 入寶山不可空手回

湯匙只是器皿，不能品味。《法句經》六四

即使追隨偉大人物多年，若不能正確地評價出他們的優點，便如同「將金幣給小貓」一般，毫無用處。擁有財富，不知如何使用，正如放在碟子邊的湯匙，充其量只能扮演器皿的角色，將山珍海味送入人口，而本身卻無法辨別味道。

釋迦的入門弟子阿難，隨侍釋迦二十五年期間，熱衷聽佛陀說法，記憶力極佳，可是悟道卻晚於其他的弟子。據說，他在師父死後才得以悟道。

釋迦入滅後不久，其弟子為免佛陀的教義散佚，故推舉有長老資格的弟子瑪哈該沙巴招集其他四百九十九個弟子，在拉格巴舉行第一次經典編輯會議。這時，有弟子向瑪哈該沙巴建議：

「阿難雖尚未悟道，但他比其他的弟子均多聞師父的說法，記憶力亦超拔群倫，故邀其參加會議，必有助益。」

因此阿難被准予參會。阿難自是歡喜異常，以致會議前夕，竟輾轉不能入睡。

他頭腦清醒的躺在床上，至半夜，他突然得悟，識得佛陀教義。

第二天，會議的首日，瑪哈該沙巴對阿難宣布道：

「阿難，你有五項罪狀，現在須在眾人面前懺悔。這五項罪狀如下：

首先，你說師父在入滅之際，曾告之對有些細微末節的戒律不必拘泥，但你卻未向師父明確的請教是那些戒律。

第二、你以前在補師父衣服時，曾用腳踏在其上縫補。

其三是讓女性先拜師父的遺骸，致使女性的眼淚落在其上。

第四項罪狀是，當師父將入滅時，你並未祈求師父壽歲延年，帶領我們更長遠的路。

最後一項是你請求師父讓女性出家修行，致使可持續千年的正法減縮為五百年。即此五罪也。」

在阿難坦承以上的罪過，並懺悔後，會議正式開始。

阿難逐項將「此言是師父在何時、何地、何種事由、向何人道出」的內容一一述說著，再由參會弟子以互相確認無誤的方法加以整理。

至於有關教團規律的部分，則推舉一位名叫優波離的弟子唱出，加以確定，並將這些戒律的原由——是為誰、以何種理由而制定等等加以討論協議。待一切釐定完成後，以文字加以記載，成為經藏、律藏之大成。

再加上後世學僧注釋的《論藏》，稱為經、律、論「三藏」，總稱為《大藏經》。此佛教經典鉅著，一直流傳至今。

卡內基說：「相信自己才能的自信，是人生旅途中最有利的武器。」

人需要有願望是很重要的事，沒有任何願望的人是多麼寂寞。對自己的生活完全沒有希望及期待的人，就不會有進步及成長。懷抱著願望而生活的人，一個接一個出現，社會才能得到改進，臻於完善。

《老子道德經》說：「致虛極，守靜篤。萬物並作，吾以觀復。」

這世界上的生物，都不是能獨自一個生存下去的，在和別人關聯牽扯中，才能活著，如果體悟了這個道理，便能發覺人的生命是多麼不可思議。

同時，也會產生「自己使別人生存」的覺悟。但人在遭遇生命的矛盾現象時，卻被一種奇妙的因緣（交會）的繩索所連結著，不能清楚地體悟。

94 強莫強如實踐者

我僅教道而已。
《中部經典》一〇七

自釋迦入滅後，那些無法直接接觸到佛陀的後世佛教弟子，因思慕佛陀，故將一切象徵其偉德的菩提樹、足跡、法輪、佛像等予以形象化，藉以濡染其精神，作為皈依後參拜的對象。但佛教上並未認為這些形象化的物品具有神秘的力量。

因此，當我們看到佛教徒膜拜佛像時，也不可視為崇拜偶像。

在此有一故事可證實上面的說法。在中國有一位禪僧丹霞（西元七三八—八二四）前往洛陽惠林寺，曾因當時天氣寒酷難支，周圍又無取暖之物，便將供奉在佛殿的木製佛像當作木柴，燃火取暖。

某日，釋迦在沙瓦地停留時，有一名叫卡拉卡・莫咨格拉的婆羅門教徒來訪。這位訪客可能是位理論家，他請師父說明佛教教義，好使其心悅誠服。

於是師父以誠懇祝禱之心說明教義。但卡拉卡・莫咨格拉反問道：

「難道你的弟子皆達到如此終極的悟道境地？」

師父說道：

「婆羅門，我的弟子中，有些人達到最後的悟道境地，但有些人則無。」

婆羅門又問：

「那是為什麼？」

師父回答道：

「婆羅門，你可知前往拉加格哈的道路？如果有人問你如何去那裡，你對他說『沿著這條路往前走』並將路徑與順序詳加說明。你想此人是否一定能到達拉加格哈呢？同樣的，悟道之路確實存在，我雖然指示弟子們通往目的地的方向，但仍是有人可以到達，有人無法到達。婆羅門啊！我只是盡力教道而已。」

婆羅門聽了這番話，便全然瞭解。

自古有言：「馬伕只可將馬牽至水邊，但不能令馬飲水。」故馬是否飲水，以及水的冷暖均是馬匹自身的問題。釋迦只能將自己徹悟的道理教導眾人，至於眾人是否也能悟道，則視個人努力而定。

「百尺竿頭更進一步，十方世界顯全身。」（無門關）。除非自己在百尺竿頭精進向前一步體驗，否則是無法達到悟道的境地。

只是可嘆的是，許多人只將釋迦的教義經典與遺物當作神明一般侍奉膜拜。真正有心體驗佛陀教義內容的人卻是鳳羽麟角般的罕見。

學習對工作而言是不可或缺的，但是，只是鎮日坐在桌前讀書，是一點用處也沒有。必須把視野打開，到外面的世界看看。不明白現狀，只是一味地在與現實脫節的事物上用功，再怎麼認真也無法使業績伸展。

緊抓著，把事情做好了，那可真累！放開它，事情自然天成。不要沒命的努力，要安身立命。

德國作家哥德說：「人類其實在學術上毫無所知，必須經常從實踐中求知。」換句話說，重要的是有目的地學習，而且要把學習之事付諸行動。總而言之，要經常把現實放在腦中地學習。

西洋哲學家法蘭西斯・培根說：「知者輕蔑學問；愚者崇拜學問。只有識者才能活用學問。」

上面這句話中，若把「學問」二字換成「佛教」，其意義是否仍能體會。

智慧深沈，內心清明，分辨道與非道而致悟道，我稱此人為婆羅門。《法句經》四〇三

95 嚴格區分善惡

在這裡所說的「道」是指善事，所謂的「非道」是惡事。一位能如此區分善惡，以前者為圭臬，規避後者的婆羅門，才是真正值得尊敬的。

但是，我們現在是處在一個善惡標準極為曖昧的時代。許多人並不看重道德倫理，而認為只要沒有觸犯法律，做任何事都無須顧慮他人的指責，或是否傷及旁人。

更有些人，即使遭人糾彈，仍我行我素的冒犯禁忌，違背法理，良心也不會受到遣責。在這樣一個幾乎無法無天的時代裡，我們更急須建立明確的是非、善惡標準，以使社會正義伸張，良善的人得到保障。

首先，我們必須徹底的以「無論何時說謊，都是犯惡事」的前提衡量自己的為人處世。若是認為這個標準太嚴苛，無法做到，那麼就是在一開始便放棄自己、菲薄自己，若是認為「說謊有時不過是權宜之計，不必太過嚴肅」，那麼，像這樣輕

率的人，如何能令人信服於他。

最近流行一種所謂「狀況邏輯」，就是當事人視當時的情況與彼此的關係，作為判斷善惡的權衡。但是，無論怎樣的情況下，「說謊即惡事」的價值標準絕不可偏廢。

日本作家遠藤周作，據說當他子女尚年幼時，便與他們約法三章：第一、在長大成人前，尚無獨立是非觀前，決不說謊。第二、決不輕視身體殘障者。第三、決不作妨害別人，令人嫌惡的事。

他們在全家互相協助下，遵守此約定，而犯規者亦得接受處罰。

大眾的觀點都認為現代的孩子難以管教成功。但是卻忽略了，孩子的雙親與學校教育若是互相推諉管教責任，令孩子們在這種大人意見不一致時，更能找到放縱自己身心的藉口。這樣如何能成功的管教孩子呢？

某教育人員說：「事實上，應該是沒有一個孩子是壞的，事件的起因均是父母對孩子曖昧的態度所造成的，子女在不知所措的情形下，只有依靠可以接納自己的人，或同病相憐者互相依靠。日久，便易造成集體誤入歧途的悲劇，開始墮落的生涯。子女之所以會有這種傾向，雙親在平日生活上的態度須負極大的責任，父母的言教不如身教，切不可在子女面前流露出是非模稜兩可，狼狽為奸的品格，否則是無法糾正孩子，更遑論管教。」

能放得開，子女才能成長，給他天地，比給他什麼都重要。不必太關心他，把「關心」轉成「開心」，開開心心的自在成長。父母親自己本身過著腐敗墮落的生活，卻想要管教出優秀的子女，在理論上是不可能的。因此，雙親必須以堅定的善惡價值標準，在日常生活上成為子女學習的楷模。

一切的行為都根源於人類的自私心，我們在自己受到傷害時，常會毫不猶豫地加以反擊；但傷害到別人時，卻往往渾然不知。也因為這種保護自己的天性，常促使人類無情地對抗，甚至傷害別人，也因此惡化了人際關係，這時我們需要教育和學習來潛化自己。

自己的所作所為，對別人將會產生什麼樣的影響。假若自己面臨同樣的情形，感受又如何呢？——常以這樣的觀點來反省自己的行為，這對於建立良好的人際關係來說，是相當重要的。

96 莫定正確的目標

亂摑茅會傷手，以此法求道，非
但不得法，反引人步向破滅。
《法句經》三一一

假如一個人被拋在黑暗的環境中將如何呢？他可能會在黑暗中摸索，覓尋一絲光明，找到出口。但是，如果連一絲的希望都不見，只能日復一日，孤獨地留在黑暗世界中又將如何呢？想必無論是誰都會因此絕望悲泣，甚至癲狂發瘋。

如果現在將我們日常環境換成人生旅途又將如何呢？當我們在黑暗的人生迷路上摸索，不知前途為何，精神極端苦痛，內心的恐懼與不安無人可傾訴，更覓不見任何助力與解決之道。孑然一身站在面臨谷底深淵的巖崖，進退維谷，絕望苦痛瀕臨自殺的邊緣。

當此之際，在黑暗中得悟在人生最終點上必能得救，這一線希望便如同光明，注入人心，使其越過重重難關，在希望的引導下，篤定安然地朝著人生光明大道邁進。

釋迦就是因為醒悟到宇宙理法「緣起之法」而成為佛陀（覺者）。釋迦將自己領悟的道理散播門下，毫無保留。並確實地告訴弟子們，只要按佛陀的教義，步其後塵而行，終必脫離苦海而得救。

後世的佛教弟子因與釋迦時代相隔久遠，無法親見釋迦的楷模，只能憑藉著釋迦遺教「見我教義者，就如見我」的方法，藉著已領悟了宇宙理法師父的人格感召，蒙受智慧與慈悲的加持，悟道得救。

亦即阿彌陀佛（如來）的信仰法力超越時空的限制，讓人經常受到佛陀人格感召，致使數千年前釋迦的智慧與慈悲延伸至今日，鮮活具體的存留在我們當中。

後世的佛教弟子們將宇宙理法稱為「法身佛」；悟道得識的佛陀釋迦稱為「應身佛」；能夠傳遞感召力的阿彌陀佛稱為「報身佛」。三者的區別就有如一件物品分為素材、形狀與用途三方面一般。

三者所指的原是同一物品。因此，我們若能藉著悟識宇宙理法的佛陀教義，接受其感召，跟隨佛陀的道路，身體力行，必然會如釋迦所言，悟道得救。

相反的，若不以宇宙理法為遵從的教義，就是步上了的釋迦所說的「非道」（錯誤求道）之途。

97 遵從佛、法、僧三寶

皈依悟性、真法，和合之集。能以正智看見四聖真理。《法句經》一九〇

佛教究竟為何？

佛教分枝頗多。以佛教始祖釋迦與阿彌陀佛如來是一神教的佛；以大日如來是汎神教的佛——認為修行成道人死而成佛；以及否定成佛概念的禪宗，無神教的佛教教義。

然而，究竟何者才是正宗的佛教？這在釋迦入滅後，各學派、宗派群起，各競優勝的教相判釋紛紜。

但是，無論是那一宗派輸贏，受辱的仍是佛教始祖釋迦。因為信佛的重點在於敬佛，在於自己本身是否能悟道得救，若是無法解脫得救，便喪失了信佛的意義。

昔日，佛教有所謂對機說法的教導，如同醫生對症下藥一般，按照個人的性格與智能的狀況，出現了許多佛陀以方便因才施教。

其本意是希望眾人在佛光普照下，內心的佛性（成佛的性質）覺醒，悟道得解

脫。因此，無論是那一個佛陀引渡，都應尊為恩師。

當釋迦在世時，信徒可直接瞻仰其容姿，跟從佛法教義。釋迦入滅後，由其弟子繼承佛門皈依、入教的傳統，並開始以「現前三寶」為信徒每日生活的指標。此三寶分別為佛寶（釋迦）、法寶（教義）、與僧寶（佛弟子的團結力量）。隨著時代的改變，如今將之擴大解釋為「住持三寶」，加入以形象化的精神象徵，如佛像、佛畫（佛寶）、經典（法寶）、比丘或僧侶（僧寶），一概為敬拜的對象。

佛、法、僧為人們皈依佛教後，生活指標的最高原則。現在日本所使用一萬元與五千元的鈔票上，均印有聖德太子的肖像，這是一位日本具代表性的歷史人物。太子在七世紀時頒布的『十七條憲法』中，有一則為「應篤敬三寶，此三寶佛法僧是也」。可見皈依佛教的太子本人對三寶極為尊敬，並以此修己治國。

這位太子因尊敬「住持三寶」，在全國興建許多佛寺，其中法隆寺最富盛名；並盛行全國膜拜佛像、佛畫，以及禱誦經典、造就僧侶。此一風潮乃延續至今日，只是現今許多人並不清楚，所謂佛法僧三寶是「一體三寶」，三寶原是一體的三面，有著相互關連、密不可分的關係。

在信佛之始，我們自身外求三寶，隨著篤信時日的增加，應在自己內在尋求三寶的光輝。這才是三寶最重要的作用。

就我個人的淺見，佛寶可解釋為，只要多方努力，以釋迦獨立自主的偉大生活方式為指標，我們也能成為「緣起法則」的具體實踐者。

至於法寶是一面遵從「緣起法則」，一面學習富自由與創造力的佛教教義，並且自己也努力創造法寶為指標。

僧寶是根據「緣起法則」，拒絕自以為是的自我疏離與斷絕心態的生活。互相確認自己是命運共同體的一環，努力與他人融合無間，以成為構成世界和平一份子為指標。這也是三寶的現代意義。

道元法師在著作《正法眼藏》中說道：

「佛皆大師，故我皈依之。法為良藥，故我皈依之。僧為勝友，故我皈依之。」

以上是「一體三寶」的古典解說。我們應瞻仰佛法僧三寶於外，並以內在為對應，在心中開啟三寶，務使三寶光輝體現。

98 應視事物全貌

只看事物一部分的人，無異於瞎子摸象。《眾育模象經》

西歐有句格言：「樹多不見林」。拘泥於細節的人，往往忽略事物的整體實相，極易造成基本上的錯誤。佛教著作《本生譚》中，也有如下的故事。

印度的某一國王，下令招集一群盲人摸象，然後聽聽他們對象的了解與感覺。於是盲人們分別接觸了象的足、尾、腹、鼻等部分，回到國王面前答道：「象似桶」、「象如箒」，但又有人答道：「不！象若粗杖」、「不！象彷牆壁」、「噢！象似角」、「噢！象如粗繩」不一而終。在旁聽見的大臣們忍俊不住，笑出聲來，但國王卻嚴肅地斥責：

「不許笑，你們自己不是也像這些盲人一樣的以為自己所知道的最對。」

在佛教上有一種情形，就是常有人將整體與個別二方面混為一談，當成一個問題。

認為不懂整體的，也一定不知個別為何；不知個別為何者，也一定不懂整體。

這就是所謂的「一切即一」。在《華嚴五教章》中的「一即十」，只是將「一切即一」的意思擴大延伸而已，有些人自以為環遊世界好幾次，已將世界每一角落走遍，見多識廣，無所不知曉。豈知卻是如同《西遊記》中的孫悟空，仍在如來佛的手掌上。

而就宏大的佛教宇宙觀視之，以我們一生短暫數十寒暑的有限生命，實難窺其全貌，探其堂奧，但在儘可能的範圍內，仍不可放棄體察整體的努力。

《論語》有言：「不知者為不知，是知也。」在求學、求道的過程裡，對於自己的知與不知應有所體認，在自知所學有限下，自然養成謙虛有禮的風範。

但是，現代社會中「不怕蛇咬」的莽漢很多，外爍不已。更有一些明為不知，卻假裝精通的人。

英國物理學家牛頓說：「要盡全力做好今日之事，明白才能獲得更上一層的進步。」

老是思索有無捷徑便道，最後終必失敗。與其如此不如腳踏實地，盡全力去做好今天所有的工作。今天的努力將會是明日成功的基礎。

99 捨棄高慢之心

高慢者應低身；自卑者應自高。《長老偈》

《長老偈》與《長老尼偈》是釋迦弟子的言行錄，在紀元前三世紀左右整理成冊的。此二文集經常相提並論，其內容頗多美文詞藻，可媲美印度古典的《尼克微達》讚歌。佛弟子在其中也吐露了自己信仰上的告白。

這二冊文集中告訴我們，連那些經過長期努力，受到大眾肯定，已具相當知名度的人，都可能心生驕傲，輕慢他人。以為自己無所不能，崖岸自高，表露出不可一世的神態。

釋迦在世時，當代的瑪加達國王子阿謝加沙特，受到叛逆釋迦者戴巴達達的慫恿，刺殺父王，並參與殺害釋迦的計畫。

這位王子一向自負過人，仗著權勢在握而作威作福。

有一天，阿謝加沙特看見在釋迦身邊守護的金剛菩薩，右手持著金剛杵，狀至輕鬆，故心生驕慢，自詡亦有舉金剛杵之力，躍躍欲試。金剛菩薩洞悉其心，故對王子說：

「你若拿得動，便由你來持金剛杵。」

王子一聽，飛快向前，握住金剛杵，但是使盡全力，也無法移動，金剛杵彷彿在地上生了根般的沈重。一向頗為自負的王子，大為吃驚，百思不解，於是到釋迦處問道：

「金剛菩薩有什麼神通力？」

釋迦回答說：

「因為菩薩修行十法。此十法就是：第一、即使捨己命，也終生不捨正法。第二、自謙而善待他人。第三、同情弱小者。第四、喜捨飢、渴、困苦的人。第五、去除他人的恐懼。第六、幫助生病痛苦者。第七、救援陷入窮困之境的人。第八、整設佛塔。第九、常以喜善之言教導他人。第十、減輕背負重擔人的重量。金剛菩薩修行了十法，故有持金剛的神通力。這樣說明，那些高傲自大的人，應可了解他們為何拿不動金剛杵了。」

據說，王子聽聞此番說明，不得不深切的自我反省。後來，也成為皈依釋迦的熱心佛教弟子。師父又曉喻道：

「務須成為一個不自高、不輕人、到達彼岸的人。在眾人中，不譁眾取寵、不自誇、不自讚。言語溫和、嚴謹守戒。」

每當觀光季節結束，聽說那些遊客聚集很多的山上、海邊，要收拾乾淨恢復原狀都非常辛苦。人在儘情玩樂之後，最可憐的莫過於負責掃除堆積如山的垃圾。如果不收拾這些垃圾，那麼無論山或海，便一直堆積著空罐子、可樂瓶、塑膠袋等千古不化的垃圾，甚至到了連踏腳處都沒有的程度，變得動彈不得。

站在清潔隊員的立場，想想他們打掃時的辛苦，那麼，我們就不會任意丟棄紙屑、菸蒂，而能記得丟到垃圾箱裡。縱然大人已經無法改變習慣，孩子們及年輕人也應培養好習慣，實踐不亂丟垃圾的行動。如此一來，相信社會一定能逐漸變得乾淨美麗。

有些人邪惡地將自己所不欲的，施給別人；同樣的，粗心的人也常在不知不覺中傷害了別人；這種感覺遲鈍的人，一直到自己也受到同樣的傷害時，才會了解個中滋味，也體會出加諸於別人的傷害有多深。

100 成為可自我批判的人

先立己本，而後教導他人。有心者如此行才無煩惱。
《法句經》一五八

隨著現代社會資訊進步，國民常識豐富，故而將注意力放在許多傳聞與花絮上，對別人的動向特別有興趣，反而忘了自己的本分。

也是因為能夠一覽無遺地看清別人的缺點與弱點，難免就涓滴不漏的對他人如數家珍般的指摘與批判。

這種指摘與批判的精神也有其存在的必要，但是，能將這種精神由他人轉向反省自己的人，卻是少如鳳毛麟角。

反而是常見到一般人，在眾人面前擺出一副道貌岸然、正人君子的模樣，不敢以真面目示人，坦率地表露自己不過是個微小又有缺點的人。而自以為裝腔作勢、虛張聲勢成功，而不免沾沾自喜。

如果我們的社會充斥著這些虛有其表，自以為無懈可擊的人，那麼，我們連呼吸都十分困難了。

不知自我檢討，盡情批判他人的風氣，不僅發生於個人之間，在各集團間也有類似的情形存在。日本前教育部長永井道雄在任時曾說過：

「在日本，尚未擁有對自己隸屬集團作言論批判的自由，我想，這可能是因為集團的主觀壓力太大所導致的現象。但是，為了防止集團的老化與停滯，集團的自我批判仍屬必要。雖然要社會黨員批判社會黨，或者要新聞媒體批判自己的新聞報導是一件不易的事，但如此做，才能確保集團與個人真正的自由。

眾所周知，現代社會是一個生存競爭激烈的社會，若在別人面前暴露自己的缺點，無疑是自斷生路。因此，無論個人或集團都戰戰兢兢地保衛自己、攻擊對方，以此確保生存之道。」

日本天台宗的開宗始祖最澄高僧，在十九歲時，曾為比叡山的開山之舉而著筆寫了「發願文」，他在其中痛切的自我批評道：

「愚中至愚，塵禿卻有情，底下最澄者。上違諸佛、中背皇法、下闕孝禮。」

他陳述道，雖然世人都敬仰他，視其為一堂正的僧侶。但事實上，他卻自謙為是一個沒有完全守戒律，所言所行一無是處，天底下最愚拙的人。

靜心思量，即使是世間公認最堂正的人，也不免曾犯下過錯、累及他人。若是有人自負誇言自己從無任何過錯，但他豈知在其不自覺中累積了多少過錯愚行。

因此，經常自覺愚拙的人，便能謹言慎行，不會妄自批判他人；而那些缺乏反省自覺的人，對自己的過錯不加注意，反而虛張聲勢的對他人大加撻伐。

這種狂傲自大的人，不知是否有對鏡仔細端詳自己的尊容。

「或許是經常跟團體一起行動的關係吧！現在，一想起要一個人單獨行動，就覺得心驚膽顫。」

一個老是躲在團體的庇護裡的人，經常會有如此的言論。可是，人是不可能永遠隨時都生活在集團當中的。不可能永遠有別人可做為依靠的。

自己的人生，畢竟是需要靠自己的力量來創造。因此，培養獨立奮鬥的精神是非常需要的。

挪威北極探險家南旋說：「人生的第一個要件是發現自我，因此，孤獨與沈思是經常有必要的。」

捨棄倚賴心，自立自強才能引導自己開創更光輝的人生。

101 失敗不氣餒

人雖犯下過錯，只要痛改前非，便如雲消月現照九洲。
《增一阿含經》三一

人若不經心犯下錯誤，受到雙親、老師，或上司的叱責，就立即意志消沈，自我譴責著：「為什麼我老是犯錯，我真沒有用啊！」失去活力與幹勁。

固然犯錯以致失敗，沒有人心裡會舒暢，可是所謂「覆水難收」，悔不當初是無濟於事的。犯錯大都是由於自己的疏忽而造成的，所以，當前首要的任務，是自我反省，檢討一下「為何會犯下這樣的過錯」，並默默的下定決心，絕不再犯同樣過錯，重新振作再出發。

相反的，若是犯了錯，也不在意，放諸腦後，然後一再重蹈覆轍，叫人無法原諒。這種犯錯就漸漸轉成邪惡了。

任何人都會犯錯，古今中外皆然。日本作家山脇茂在作品《落翅仔》中指出，敗落人仍有出人頭地的機會。他在書中寫到日本評論家大宅壯一，在中學四年級時，曾遭校方勒令退學；旺文社社長赤尾好夫，在即將畢業之際，意外的留級一年；作曲家古賀政男，在小學的音樂分數最低；名聞全球的作家川端康成，在中學五年級時，作文成績倒數第三。

當然，在此不是鼓吹挫敗的好處，挫敗並非通往成功之路。但是有些人，他們能夠利用挫敗為試金石，痛定思痛，激起自己振奮的意志，化挫敗為成功之母，這也是他們令人激賞與學習之處。

反之，若因挫敗，遭人斥責與白眼，就頹喪氣餒、自怨自艾的認定自己是無用之人，而一蹶不振，虛度美好的人生，可真是令人扼腕痛惜。

近來，學校教育也以成績或分數做為論定學生價值的標準。一般世俗的標準也以就讀一流的學校，進入一流的公司為人生最高目標。

像上述這般以資歷為本位的單線教育，只可當做一種基準，切不可為其左右，陷入迂腐落伍的俗套。

如同結實之果樹，有些時經二、三年也未萌芽茁壯，更何況一個人的價值，豈是依憑二、三年的學業成績便能橫加斷定。俗語說：「種瓜得瓜、種豆得豆。」播什麼種，收什麼果，百果千蔬皆有所長，豈能重此廢彼；人也是同樣，各有所長，我們應按個人的特長與傾向播種，待日後有所發揮。

但是，很遺憾的，許多人不懂得寬容的意義，以後就算犯了錯，變成「落翅仔」，也一樣應受到別人的原諒，行為放肆，蠻不在乎，任意揮霍自己的人生與他人的諒解。

日本的親鸞山人曾說過：「不能因為有解藥而好毒。」那些濫用他人寬容心，而無意悔改的人，卻不知他是在毒害、浸蝕自己的生命，待一日中毒過深，解藥也回天乏術時，就後悔莫及了。

對人來說，感情是極重要的一部份，而其中最重要的又非「心理態度」莫屬了。心有容易「變動」的弱點，因此才稱為「陀螺」，也許這樣的形容並不恰當，但也無妨，這自有其奧妙之處。

的確，心是我們自己的所有物，但它一旦滾動起來，便不怎麼好控制及收拾了，沒有比它更棘手的東西，宛如惡魔一般。

釋迦在《法句經》一一七有言：

「不可一再犯錯，不可在錯誤的邪惡中尋樂，諸惡累積，痛苦難當。」

102 心存感謝

健康是最厚的利益、滿足是最佳的財產、信賴是最高的緣者、心安是最大的幸福。《法句經》二〇四

根據最新的生物科學研究報告，地球大約在三十六億年前，出現生物迄今，已有一百五十萬以上不同的生物存在。據說這些眾多生物的基因，竟然相同，無分軒輊，由此觀之，所有的生物均同出一轍、互為根源。

如果人類毀壞生態，造成他種生物生存困難的問題，也無疑是致使人類自己生存的困難。至於人類之間的互相鬥爭、殺戕勢必造成兩敗俱傷、共同毀滅的局面。

諾貝爾科學獎的得獎人Canrad Lauleng，在其著作《文明化人類的八大罪狀》中，例舉出八項人類自導毀滅之途的社會特徵：

人口過剩、浪費生活空間、惡性競爭、感性衰退、遺傳頹萎、傳統遭毀、惡風瀰漫、核武氾濫。放眼我們的周遭，生活環境早已被人類污染破壞，若說我們無論在肉體、物質，或精神上均感染重症，實在亦未言過其實。

人類墮落放縱、趨向滅亡的想法，漸已匯集成所謂的末世論，盛行在具有憂患

意識的人們。

西歐自古希臘時代起，就流傳著帕拉圖的警語，他表示以自私為本位，貪得無厭，惡法亦法的社會現象，就是該國沒落與衰亡的表徵。

在釋迦在世時代，就已出現末法的思想。佛弟子們曾嘆謂：女性加入教團，將使人類正法存續機會減半。釋迦入滅後，因佛教教團在各地擴展，混入許多不守戒律的僧侶，就如同經典中的警句《法滅盡經》，這些雜質僧侶將使教團崩離。

在紀元五世紀時，中國就發生過廢佛毀釋的事件。在當時，有些從西域一帶流傳進的經典，其中描述到有關僧侶墮落的真相與一些可怕的預言：

「惡魔化身僧侶，混入佛教教團，以期消滅教團。這些假和尚穿著俗人服裝，並以華服炫人，他們耽溺於酒飲，自己不唸佛修行，反而嫉妒正派的和尚，意欲趕走正派和尚。他們任憑佛寺荒廢，亦不聞問，他們更無布施之意，鎮日所思只是蓄積自己財產，他們平日懶散度日，不聞法、不誦經，更遑論說法教化他人，他們胸無點墨，卻狂妄自大，到處鑽營知名度為樂。佛教將被這些敗類毀壞，在人人皆墮的時代裡，災難終必降臨，洪水淹沒大地，人類不分貧富均被大水沖走，甚至漂盪在海河中，作為魚類的食料。」

經典中還記載著，數十萬年後，彌勒菩薩將再臨拯救眾生。為了避免上面經典所述的事情發生，寺院規定僧侶聚集一堂時合誦：「歸僧息諍論，同入和合海。」互相和平共存，不止限於僧侶世界，也是現代俗世社會迫切需要的。

「人生就只有這麼一次，我要好好地把握珍惜它。」

即使前面架的是一座鋼筋鐵橋，他還是會懷疑它的安全性，因為他認為人生就此一次，非慎重不可。

有時就因為太過於在乎人生，而凡事都謹慎過度。可是人生中總免不了有要閉上眼睛渡過奈何橋的時候。

某評論家說：「總之不要過份看重人生，拋棄身體凡事一心處之。」

遇到人生的難局時，要以不畏不懼、奮不顧身的精神全力以赴。

即使只有一點成功的可能性，也要積極果敢地前進。下定決心和覺悟，一定可以突破難關。

正因為人生是只此一次，所以更應該不要留下遺憾，全力以赴。

103 重尋生存的目標

帝王車雖美，必將朽化，肉身也將老去。但有心人的法卻不老，因其法將傳至其他的有心人。《法句經》一五一

日本作家曾野綾子，為某報撰寫搭乘英國伊利沙白二世豪華客輪感想的稿子中記載道：「我發現這艘重達六萬八千噸的豪華客輪，只不過是一座活動的養老院而已。」

客輪上的乘客，以歐美各國老夫婦為主。曾野綾子在甲板上聽到鄰近的老夫婦二人的對話如下：

「一個人的心志完全抖落在年輕時期，如今已是無所事事了，只是養老而已，連一個努力的目標都沒有。雖然現在處在如此安適、舒服的環境裡，心裡卻空蕩蕩的，陷入不足的狀態。也許乘坐這艘豪華客輪，是老年人夢想實現的象徵，但就算願望達到了，也無法解決真正的問題。」

據曾野綾子的記載，雖然老人們正在做豪華客輪之旅，享受著佳餚美酒、高級的物質生活，但仍難以隱藏心中對漸近的死亡旅程的恐懼。他們奔忙於各種客輪上

的節目，卻驅趕不走空虛落寞之感。

近來，社會上由於醫療設備完善，提高老人福址的聲浪極大。因此，一般人就認為老人們的恐懼應一掃而空。但事實上又如何呢？老人們失去對人生的樂趣，他們找不著目標，找不著可談話的對象，空餘難以排遣的精力與歲月，一個人過著寂寞無奈的老年生活。

他們往往不知為何而活，茫然的日復一日，幾乎無異於植物人的生活。

但是，他們或許尚未意會到，人是應該「活到老、學到老」，生命中仍有許多可以去做的事。

一個人應找出自己的方向，以充實、快樂的態度，渡過每一個在世的日子。如何找到自己的方向，亦須仰賴各人的傾向與想法而定。

因此，養成對事物產生興趣與好奇的心理十分重要，虛心學習也很重要。無論是看電視、聽廣播，或是參加講習會、演講會、社區大學，只要專注於自己正在做的事情上，年輕與活力又會重回身旁。

無庸贅言，精神與肉體有密切的關連性。精神年輕、肉體也隨著有活力，反之亦然。故此，一個人身心兩方面的老化，往往是自己造成的。重新出發，尋找人生目標，身體力行，生命的春天是不易褪色的。

「我個人很重視成功或失敗的事，所以我一向很專心從事每一件工作，現在我根本沒有多餘的時間來管其他的事。」

有的人，就是以這種心態來面對勝負的挑戰。

當然這樣的做事態度，的確是非常值得欽佩的，可是這種心態一旦過份強烈，往往會使人因而變得視野狹小。

人，應該像是一座帶有好幾支接受天線的收視器。人，應該要多去關心各種事物。

德國詩人卡洛莎說：「人生就像是一場邂逅，這種際遇是沒有第二次的。」

對於每一個人生的際遇都要好好地把握，人才能不斷地成長。更積極的作法是，自己要主動出去尋求這些際遇。

向人生的四面八方伸出天線，積極地捕捉各種機會，對自己要具有信心，腳踏實地的前進，使人生過得更多彩多姿。

104 親身體驗的教導

他話雖多，卻不是持法者。聞法不多言，身體力行，尊重法者，是為持法者也。《法句經》二五九

中國宋朝時的禪僧五祖法演對弟子述說了如下的故事，一直流傳至今。這則故事說明無論任何事，都須自己親自體會，才能得悟個中奧妙。

有一個偷技高超的竊賊，感嘆自己年華漸邁，於是想將一身好功夫傳給兒子。一日，他對兒子說：「今天我就將竊盜的秘訣傳授給你，你隨我來。」

父子二人便潛入一所大公館的倉庫中。倉庫裡有一座廣大的唐櫃，父親命兒子入內竊物。待兒子探身進去，父親忽然急速從外鎖上唐櫃，並跑到院子裡大叫道：「有小偷！有小偷！」然後隱入暗處，窺視動靜。

公館內的人聽見呼賊聲，家人連同女傭、長工均全體出動，提燈巡察。賊父親便趁著人聲混亂之際，從牆隙縫中溜之大吉。

兒子困在唐櫃中，無法逃走，心中氣憤父親的作為，但痛悔亦無濟於事，他必須自己想辦法解決困境。

適逢有一女傭持燈入庫，他想：「機會來了！」便在櫃中發出老鼠嚙物的聲音。女傭聽到，心想：「櫃內有許多華貴的衣服，可不能讓老鼠咬壞了。」便開鎖查看。兒子待櫃門一開，急忙跳出，吹熄燈火，直奔室外。

女傭大吃一驚，叫道：「有小偷！快來啊！」

聽到叫聲，眾人紛紛趕來。兒子眼見無路可逃，卻看到不遠處有一口古井，便拾起腳邊的石頭，投入井內。眾人以為小偷跳入井中，便將古井團團圍住，舉燈查看。兒子便趁這個機會從牆隙縫中溜走，平安回到家中。

賊父親看到兒子回來，趨前迎接，兒子禁不住責問道：「你怎麼可以臨陣自行逃脫？」

但父親卻答道：「你不是已經安全回來了嗎！你是如何逃脫的？」兒子便將經過的情形詳細告之。

父親聽了，便說：「好！我花了一生時間才摸索出的訣竅，現在已傳授給你了。從現在起，你已是一個可獨當一面的竊盜者。」

做盜賊固然不可取，但這種親臨體驗的教育方法，卻是值得學習的。

105 生活在創造的人生中

心志精進、發憤，整束自己的賢人，洪流不能犯，內在無心州。《法句經》二五

從前人們的生活充滿困苦與不便，無論如何勤奮的工作，生活也無望改善，就如同某作家所說的：

「勞動又勞動，舉雙手向上祈盼，生活一點也無好轉的展望。」

使人心有戚戚焉。可是，放眼今日生活情況，隨著高度經濟成長，物質生活已達衣、食無憂的程度，人們不再需要為生活折磨自己的體力與精力，一些從前賴以人力的工作，如今已轉嫁給現代機器操作。人們衣食足後，有空餘時間來建立休閒生活。

但是，在時代急遽轉變下，有些人反而不知如何利用這些空餘的精力與時間，竟落入尋找刺激，沈溺於色情、賭博、飆車、食用麻醉毒品的墮落陷阱，無疑於自掘墳墓。

此外，有一種人，因為生活在自由、和平、富裕的社會中，日久失去冒險患難

的勇氣，做一天和尚撞一天鐘似的拖著日子過，毫無活力，還無謂的感嘆著「人生真空虛」。

另有一些人心神散漫，無法專心工作，生活裡充滿灰色，罹患精神病，狂癲哭鬧，甚至親手毀去自己的生命。

無論上述那一種人，均失去自己原本的人格。

因為釋迦說過：「人生即是苦」，又有許多比丘出家遁世，過著不問世事的孤高生活；致使許多人誤以為佛教是一種虛無主義或厭世主義。再加上釋迦生前只強調無常，而並未提及死後的世界，更令人認為佛教只是一種努力也是枉然的宿命論而已。可是這些看法是錯誤的。

釋迦在「緣起法則」中，明白的教導著：人類應該互相扶持、切磋琢磨，創造新的事物，拓展開闊的命運。所謂「人生即是苦」並非結論，而是人生的出發點。

人生最重要的是面對苦或無常的現實，絕不可規避與輕忽，應努力奔跑在人生的旅程上。

有句禪語「不昧因果，不落因果」。意思就是：因緣即是無法否定的道理，故吾人當以不忽視、亦不落定的心情，並以超然瞻仰前方的態度處之。

詩人芭蕉的俳句：「鳴不斷的蟬聲，聽不出的死音。」據說蟬的幼蟲破殼成蟬，第四日起鳴叫，持續一至二週的時間，便結束一生。蟬的生命是如此短暫，但卻以全副的精力鳴唱出它的生命。而我們人類更應在這「一期一會」的苦樂人生中，體會生命的喜悅，追求幸福的人生。

我們是站在過去的因緣上，才有現在的自己。同樣的，現在的自己，也是自己將來因緣的設計者與建設者。故此，我們怎能忽略因緣路上的努力。

「人生應該如何生活下去呢？不知道有沒有什麼好方法？」有這種煩惱的人，大概不少吧！但是，生活的方法，就好比是人一樣，是各式各樣都有。

羅馬哲學家史奈迦說：「要學習如何生活，那是需要人的全生涯。」

於是，最貴重的資料就是傳記。就是學習先人們的生活方式。

或許有人會認為時代不同而不予贊同。其實不然，我們是要以先人為榜樣、學習他們的生活本質，以最適合自己的方法加以實踐。

煩惱是找不到解答的。人生應該要有隨機應變的柔軟性，用不著固執一途。

106 知足的重要

即使擁有微薄、亦不應輕之。《法句經》三六六

古人無緣享受現代機械科技文明的利益，生活在困苦與不便的情形中，卻也能甘之如飴，認為忍耐苦難是理所當然，並深知人類的渺小，懂得分際，謙虛而踏實的適應周遭的自然環境，不敢有所池越，更無隨心所欲貪求的念頭。

但是，享受慣了現代文明方便的我們，卻以為方便、舒適的生活是理所當然的事，並不斷地擴張自己的慾望，永無止境。

人類為了要滿足私自的慾望，拚命地工作與鑽營，賺得了金錢、地位、頭銜與權力，還要擁有鑽石、華服、轎車與豪宅。

但是，就算已得到所追求的一切，依然不感滿足，貪得無厭，窮追獵物，不得停息，每天過著喘如畜牲，飢如餓鬼一般的日子。

他們無論擁有多少的財富權勢，仍不能滿足心中的飢渴，他們也永無機會享受悠然自得的生活。所謂「知足常樂」，我們應有一顆時常感謝上蒼賜予的心。

雖然，現代人仍舊不斷重複著賺取、累積物質在身邊的生活，但是，有一天我們卻必須從自己所累積財寶中，被迫做一選擇，不是生活必要的物品就必須捨去。也就如「愛之船」船長對乘船的學生所說的話：

「船上荷物過多過重，船將失去重心，這也就是表示船的負荷已至飽和點。為了保持船的重心，必須拋棄上層的荷物，即使荷物價錢再高也須忍痛割捨。若將日本比喻為日本號，現在船上的國民乘客已到了上限，快失去重心了。」

如果對於上限的警示不予理會，在背負過重下，那些貪得無厭的人，將被壓迫得喘不過氣，更無法應付緊急事件而狼狽不堪。

「滿足」二字，足在下方，表示重心在底部。如同不倒翁的重心在底部，無論如何推搖，也能漸漸安定下來，回復站立姿態。

有一位篤信佛教者，他說道：

天晴也罷，天陰也罷；

說無也好，說有也好；

死去也可，活著也可。

「我以後會變成怎麼樣呢？未來的命運到底為何呢？」

有些人總喜歡杞人憂天似地幻想、擔憂著自己的未來。

未來的命運，現在再怎麼想都不可能會有答案的。自己的未來及變化如何，將視個人平日的居心而定。

一個每天都毫不在乎日出日落的人，它的未來，鐵定是每況愈下。要想有更上一層樓的際遇，必須每天都面對目標兢兢業業地努力。

日本的作家夏目漱石說：「命運是神的事情，人只要盡本分地去努力就可以了。」

集中精神，對目前的工作全力以赴。至於未來的事，只要有自己可以創造未來的氣概和腳踏實地、永不氣餒地努力，命運之神自然會有好的安排。

法國學者孟提紐說：「命運並不給我們幸與不幸，它只是提供那些材料和種籽給我們而已。」

因此，當我們既然非接受這些材料和種籽不可時，我們就要有一定要讓它開出美麗花朵的氣概和決心。

107 死而後生

只顧看我肉體的人，是無法看到我的，了悟我教義的人，才能看到我。《大般涅槃經》

有種說法是，人死後便稱之為「成佛」或「往生」。可是嚴格而論，人並非如釋迦一樣悟道成為覺者，死後那裡能「往生」而濟度眾人呢！

一般人在死後，均由三界導師的僧侶授予戒名、引渡往生，就認為必將成「佛」；其親人也在其忌日，做佛事為其超度。那麼如果一個沒有親人為其辦佛事或超度的人，豈不是與佛無緣了？

雖然，一個人死後有僧侶授予戒名，做「歿後作僧」的葬儀，皈依佛門；或者有些人生前即早已皈依，擁有戒名。但他們仍只是佛弟子而已，並非佛陀本身。

「世有佛難，聞佛法難」意味著這世界有佛存在是稀有的事，能聽佛法的機緣是不容易得到的。

二月十五日是釋尊圓寂的日子，釋尊的入滅稱為「釋尊涅槃」。「涅槃」是梵文Nirvana，音譯為「涅槃」。

涅槃的意思是「吹滅或是吹熄的狀態」，意味著我們心中一直燃燒著的各種煩惱的火焰熄滅，身心都能穩定下來的狀態。可是「涅槃」本來的意思轉變為讚美釋尊的死亡，才稱為「釋尊涅槃」。所以，這一天在寺廟裡敬仰釋尊遺德所舉辦的法會稱為「涅槃會」，而供祭描繪釋尊入滅情景的畫為「涅槃圖」。

人死後若是成佛，究竟是成為佛子或佛陀呢？這只是西方人士的疑問。對於篤信佛教的東方信徒而言，重要的是在世的人藉著典故人的感應，靜靜體會佛陀所教導的功課，並在有生之年努力實踐。

比利時作家梅特林克（Maeterlink）在作品《青鳥》中描述道：

黛兒與彌黛兒二人跋涉至回想國，見到住在那裡的祖父母。在告別時，祖父母告訴他們二人：

「只要你們想著我們，我們就立即能見到你們。」

由此推演可知，當我們每次追憶故人時，在冥冥中即與故人相遇，並感應到他們的精神砥勵，完成我們的心願。

佛教亦做如是觀，無論在世或過世的人，均一律活在永恆的精神生命之中。

108 以笑顏回顧人生

喬達摩的弟子常警悟，他們不分晝夜禱唸佛陀。
《法句經》二九六

所謂先覺者，是指已達完美境地的理想人物。而釋迦便是一位這樣的人物。我們應如何向其學習呢？以下的一段譯文，是我心中所描繪似佛陀那般理想人物的形像，我盼望自己常常口中禱唸，向理想人物的境地更邁一步。

即使世界再醜陋，常使人迷失，也要靠右行正道。

虛心多見多聞，坦然接收一切，從中分辨真偽。

理直而氣平，言語堅定，決不恐慌搖擺，任何時地，均以堂正的態度，對待他人。

我要端正己身，吸取周圍清新透淨的空氣。

即使無人肯定，對自己應盡的本份，不論苦困，亦不氣餒退縮，步步如覆薄冰，事事默默完成。

遇不幸之人，慈悲盡心助之。

也決不獨占快樂，與人分享。
對自己忠實，對事物確實，對人誠實。
以真誠處世，即使得不到好的回報，也決不後悔。
今生今世只此一次，在世孑然一身，
我要竭力發揮、運用，天賦的一切。
在傷痛、悲哀時，當以澄清瞳光仰視天際，世界雖然充滿喧騷欺瞞，但我亦知各人心中所蘊，美善、寶貴之事。
在這有限的生命中，極力培育、發掘他們的美善，使萬物欣然。
我渡過這樣的一生，在人生終點時，回顧自己走過的路，可以在靜默中有所讚許，不枉來此一遭。

釋尊的人生觀簡單的說是「勿怠慢，應奮勵」。怠在經典中稱為「放逸」，放逸一般譯為「任性」。沒有正確邁向自己的人生，而太放任，不想求好的教示而怠惰，都是「放逸」所造成的。

釋尊並非無目的的使用「放逸」這句話。時間流逝飛快，時光一去不回頭，只有「現在」存在，現在過去後，再也無法求回。

不知法則所表示的道理，或無視於道理的存在，稱為「無明」。佛教思想是了解對無明無關心，才是諸惡根源的思想。無明會引出各種不好的業。業是我們善惡的行為，善的行為稱善業，惡的行為稱惡行。

人生由於無常，須珍惜「現在」。積極的奮勵學習，才能真正愛自己，使自己的生活更豐富。於是《法句經》告訴我們「對於奮勵；樂，對於放逸有恐懼，而求道之人」。「奮勵」是學習實行。「生命只是呼吸間的時間罷了」，這種驚嘆悲傷是對自己怠惰的警戒。知道自己的生命是如此短暫，自己能擁有「現在」應感到驚嘆，而「努力」才對。如此奮勵必能積極的「求道」。

我們常說「歲月不待人」，「待人時，不待人時」總而言之，結論是「珍惜現在」，由於如此，要「經常前進，求好的教示」。

就因為人不能夠徹底地了解自我，所以他就沒有辦法認清真實的狀況。在厭倦事實之前，何不先立下一定要改革自己，叫人刮目相看的志氣。

原始經典的小字典

▽增支部經典

用印度古語巴利語所記載的南傳大藏經中的《安古達拉・尼卡亞》，就是增支部經典，亦即等於北傳大藏經的《增一阿含經》。其中收集了釋迦的根本教義——四諦、八正道，合計二千一百九十八小篇。

▽阿含正行經

北傳大藏經《阿含部》中的一經。闡述人的生死是無明的。人生一切均由心生，故須端正其心。

▽法句經

巴利語中的《但瑪巴達》，即「真理之言」的意思。是以詩文寫成的釋迦教誨。共四百二十三句。

▽釋達・尼巴達（經集）

南傳大藏經中的《小部經典》。記載釋迦所說的話，是釋迦直傳弟子用心記法記下，然後再以巴利語寫下。

▽釋迦自說經

南傳大藏經中的《小部經典》的第三經「自說」，是釋迦自發說教義的集錄。

▽相應部經典

為南傳大藏經中的『Sanmutta Nihagu』，與北傳大藏經的《雜阿含經》相呼應，而集成二千八百七十五則短佛經，並按項目分別歸類釋迦的教義。

▽大般涅槃經

收納在南傳大藏經的『Diega Nihagu』，《長部經典》中最長的佛經。以散文筆調寫綴釋迦的生涯，在北傳大藏經中的《長阿含經典》中，亦收藏了同名異類的佛經。

▽雜阿含經

此經是收納於北傳大藏經中，為一千三百六十二則短佛經之總匯。與南傳大藏經的《相應部經典》相呼應。

▽律大品

為釋迦定立戒律的規則集，納入南傳大藏經中的《律藏》。原名為《大品》（Mahavagu）。

▽中部經典

為南傳大藏經中的『Magima Nihagu』，與北傳大藏經中的《中阿含經》相呼應之集錄，共一百五十二則中等長度之佛經。但內容則千差萬別。

▽增一阿含經

收納在北傳大藏經中的四百七十二則短佛經集。按經典名稱與頁數作分類，與南傳大藏經的《增支部經典》（Anguttara Nikaya）相呼應。

▽大智度論

收納於北傳大藏經中的《釋經論部》的佛教百科全書。在二、三世紀左右，由龍樹所著。嚴格而論，不算原始佛教經典，但從中卻不難探知釋迦言行要旨，與龍樹以前的佛教學說的概要。

▽玉耶經

收錄於南傳大藏經中《增支部經典》的一經。介紹有關釋迦弟子須達長者，因難忍媳婦玉耶驕慢囂張，請師父傳教規勸時，從中得知人間有七種型態妻子的故事。

▽長老偈

與長老尼偈相提並論的經典。是紀元前的著作，記載釋迦在世時代，弟子們的修行生活。收錄於南傳大藏經中，載有弟子們對信仰的告白。

▽法句譬喻經

收錄於北傳大藏經中《本緣部》中，又稱為《法句本末經》或《法喻經》。根據《法句經》的中譯本來解說語句的本末、理由。

▽六方禮經

收錄於南傳大藏經中《長部經典》的一經，又稱為《給辛加納的教訓》。是一本說明親子、師弟、夫妻、主僕、親族、僧俗間關係的生活指針集。

▽長部經典

是南傳大藏經中的《代加・尼加耶》，相當於北傳大藏經中的《長阿含經》。共收錄了五十二部中等長度的經典。包括以《大般涅槃經》為首的《梵網經》、《沙門果經》、《六方禮經》等重要經典。

▽四十二章經

自西域經絲路傳入中國的經典，被認為是在西元六四年時第一部譯成漢文的經典。收納在北傳大藏經中的《經集部》，共有四十二章，名符其實。記述人生苦惱與無常、無我等佛教根本教義。

▽優婆塞戒經

收納在北傳大藏經中的《律部》內。為善生長者解說大乘在家信徒應守的戒律。一般認為是將南傳大藏經中的《善生經》或《六方禮經》，做為大乘佛教解釋的經典。

▽心地觀經

是北傳大藏經中《本緣部》內的一經，正式名稱為《大乘本生心地觀經》。是根據大乘佛教所闡述「空」的思想而著，是重戒律的出家主義經典。

▽眾育模象經

收納於南傳大藏經中《小部經典》內的《釋迦自說經》裡的一篇。其內容與北傳大藏經中的《六度集經》相雷同。

第五章　悟‧活出心地豐沃的人生

國家圖書館出版品預行編目資料

釋迦名言智慧／松濤弘道著；普玄智編譯
—2版1刷—臺北市，大展，民99
面；21公分—（心靈雅集；15）
ISBN 978-957-557-112-2（平裝）
1.佛教修持
225

釋迦名言智慧

ISBN 978-957-557-112-2

原 著 者／松 濤 弘 道
編 譯 者／普 玄 智
發 行 人／蔡 森 明
出 版 者／大展出版社有限公司
社　　址／台北市北投區（石牌）致遠一路2段12巷1號
電　　話／(02) 28236031・28236033・28233123
傳　　真／(02) 28272069
郵政劃撥／01669551
網　　址／www.dah-jaan.com.tw
E-mail／service@dah-jaan.com.tw
登 記 證／局版臺業字第2171號
承 印 者／國順文具印刷行
裝　　訂／建鑫裝訂有限公司
排 版 者／千兵企業有限公司
2版1刷／2010年（民99年）9月

定　價／250元

大展好書　好書大展
品嘗好書　冠群可期

大展好書　好書大展
品嘗好書　冠群可期